Stephan Heinrich

Verkaufen an Top-Entscheider

Stephan Heinrich

Verkaufen an Top-Entscheider

Wie Sie mit Vision Selling
Gewinn bringende Geschäfte
in der Chefetage abschließen

2., ergänzte Auflage

Bibliografische Information der Deutschen Nationalbibliothek
Die Deutsche Nationalbibliothek verzeichnet diese Publikation in der
Deutschen Nationalbibliografie; detaillierte bibliografische Daten sind im Internet über
<http://dnb.d-nb.de> abrufbar.

1. Auflage 2008
2., ergänzte Auflage 2011

Alle Rechte vorbehalten
© Gabler Verlag | Springer Fachmedien Wiesbaden GmbH 2011

Lektorat: Barbara Möller

Gabler Verlag ist eine Marke von Springer Fachmedien.
Springer Fachmedien ist Teil der Fachverlagsgruppe Springer Science+Business Media..
www.gabler.de

Das Werk einschließlich aller seiner Teile ist urheberrechtlich geschützt. Jede Verwertung außerhalb der engen Grenzen des Urheberrechtsgesetzes ist ohne Zustimmung des Verlags unzulässig und strafbar. Das gilt insbesondere für Vervielfältigungen, Übersetzungen, Mikroverfilmungen und die Einspeicherung und Verarbeitung in elektronischen Systemen.

Die Wiedergabe von Gebrauchsnamen, Handelsnamen, Warenbezeichnungen usw. in diesem Werk berechtigt auch ohne besondere Kennzeichnung nicht zu der Annahme, dass solche Namen im Sinne der Warenzeichen- und Markenschutz-Gesetzgebung als frei zu betrachten wären und daher von jedermann benutzt werden dürften.

Umschlaggestaltung: KünkelLopka Medienentwicklung, Heidelberg
Redaktion: text-ur text- und relations agentur Dr. Gierke, www.text-ur.de
Satz: deckermedia GbR, Vechelde
Druck und buchbinderische Verarbeitung: MercedesDruck, Berlin
Gedruckt auf säurefreiem und chlorfrei gebleichtem Papier
Printed in Germany

ISBN 978-3-8349-2144-4

Stimmen zum Buch

Die Firma IBM legt großen Wert auf die Ausbildung ihrer Geschäftspartner. Insbesondere ein professioneller Vertriebsauftritt beim Kunden ist entscheidend. Mit dem Beratungsunternehmen von Stephan Heinrich arbeiten wir eng zusammen und konnten mit dem Konzept Vision Selling den Vertriebserfolg mit unseren Partnern nachhaltig steigern. In diesem Buch „Verkaufen an Top-Entscheider" hat Stephan Heinrich die Essenz von Vision Selling nachvollziehbar und praxisorientiert zusammengefasst!

Utz Brenner, Direktor PSC SüdWest, IBM Deutschland GmbH

Jede Investition muss sich an ihren Ergebnissen messen lassen, so auch die Investitionen, die wir gemeinsam mit unseren Partnern in das Vision-Selling-Konzept von Stephan Heinrich getätigt haben. Das Fazit: Der ROI und Vertriebserfolg dieses Konzeptes sind im Verhältnis zu anderen Methoden überproportional hoch. Die sehr gute Systematik und Strukturierung, die Vorgabe von klaren und nachvollziehbaren Handlungsempfehlungen sowie die zahlreichen Praxisbeispiele sind nur einige der Gründe, die Vision Selling zu einem einzigartigen und überaus erfolgreichen Ansatz machen.

Christian Ecks, Leiter Channel Management SAP Business One, SAP Deutschland

Die Methode Vision Selling von Stephan Heinrich begleitet uns seit drei Jahren. Unsere Mitarbeiter und Vertriebspartner haben seither ihre Art zu Verkaufen umgestellt: Schnellere und bessere Qualifizierung der Leads, weniger Zeitverschwendung bei der Vertriebsarbeit und kürzere Verkaufszyklen sind die wichtigsten Ergebnisse. Vision Selling ist im vorliegenden Buch „Verkaufen an Top-Entscheider" hervorragend erläutert – ein intelligentes Buch, das die Weiterbildung der Vertriebsmitarbeiter nachhaltig unterstützt.

Max Ertl, Vice President, DocuWare AG

Der konsequente Kontakt zum Entscheider ist wichtig. Oft schleift sich im Vertrieb jedoch eine Praxis ein, die bequemerweise auf den leicht zu erreichenden „Fachentscheider" zielt. Das System und das Buch Vision Selling geben jedem Vertrieb die passenden Werkzeuge, um die wirklich wichtigen Kontakte zum „board room" zu erhalten und für sich zu nutzen.

Gero von Götz, Senior Vice President Sales EMEA, Lufthansa Systems AG

Der Nutzen von Stephan Heinrichs Methode ist für mich ein F-A-K-T. Weil er:
Fähigkeiten vermittelt.
Aufmerksamkeit trainiert.
Kundenorientierung beweist.
Teamfähigkeit fördert.

Sein Buch „Verkaufen an Top-Entscheider" ist wie seine Person: Authentisch und wirksam. Ein Entscheider, der seine Leser zu den Top-Entscheidern führt.

Martin W. Puscher, Geschäftsführer puscher one GmbH, Hamburg

Während andere nach dem Prinzip „die Hoffnung stirbt zuletzt" arbeiten, hat ein „nach Heinrich" ausgebildeter Vertrieb das Ziel immer klar vor Augen und erwirtschaftet methodisch strukturiert und verlässlich die Vorgaben. Methodisch strukturiert ist auch dieses Buch – seine Tipps werden den Leser verlässlich in die Etage der Top-Entscheider führen, wo die großen Umsätze gemacht und die eigentlichen Entscheidungen getroffen werden.

Roland Freygang, Vice President Sales EMEA / Managing Director EMEA, VoiceObjects GmbH

Klar. Einfach. Ohne Schnörkel. Aber mit Effekt. Dieses Buch ist Pflichtlektüre für alle, die sich ernsthaft mit dem Vertrieb von Investitionsgütern im B2B-Geschäft auseinandersetzen.

Oliver Kaiser, Director Marketing Germany & Austria, Avaya Inc.

Vision Selling ist eine Methodik, die zum Ziel führt. Auch und gerade dann, wenn man komplexe Dienstleistungen wie Finanzprodukte anbietet. Eine klar strukturierte Vorgehensweise, nützliche Tools und zielgerichtete Verkaufspsychologie für die Entscheiderebene – zu finden in diesem Buch – unterstützen den Vertriebsprozess.

Dr. Thorsten Möller, Senior Investmentmanager,
WGZ Initiativkapital GmbH

Inhaltsverzeichnis

Stimmen zum Buch   5
Vorwort von Heinz Paul Bonn,
Vorstandsvorsitzender GUS Group AG & Co. KG   9
Zum Geleit   12

1 Der radikale Umbruch im Verkauf   15

Die Ausgangssituation   15
Die Lösung: Vision Selling   17
Die Grundsätze von Vision Selling   18
Die Aufgaben von Vision Selling   23
Die Vision des Entscheiders lebendig halten   26

2 Die Perspektive des Top-Entscheiders   31

An wen werden Sie verkaufen?   31
Lernen Sie Ihre Top-Entscheider besser kennen   39

3 Auswählen: Bereiten Sie die Kundenansprache sinnvoll vor   46

Wer ist Ihr Kunde? – Erstellen Sie Ihr Wunschkundenprofil   46
Was ist das Problem des Kunden? Entwerfen Sie eine
Problemtabelle   53

4 Ansprechen: Dringen Sie schnell zum Top-Entscheider durch   60

Mit dem ersten Brief überzeugen   60
Das erste Telefonat: 8 Sekunden Zeit – mehr nicht!   71
Einwände von Blockierern entkräften   85

**5 Verstehen: Verwirklichen Sie Vision Selling mit kreativer
Fragetechnik**   101

Die VI-SI-ON-Fragetechnik als Geländer   101
VI-SI-ON-Fragetechnik: die vier Fragearten   102

6 Umsatz generieren:
Treiben Sie den Entscheidungsprozess voran   121
Holen Sie den Kunden dort ab, wo er steht   121
Setzen Sie die richtigen Entscheidungshilfen ein   123
Verbessern Sie Ihre Argumentationsstrategie   126
Sorgen Sie für Glaubwürdigkeit   131

7 Fehler vermeiden: Vision Selling braucht Fehlerkultur   150

Fehler Nummer 1: Sie vernachlässigen die Vision(en)   150
Fehler Nummer 2: Sie unterbreiten das falsche Angebot zum falschen Zeitpunkt   153
Fehler Nummer 3: Sie ertränken den Entscheider in Argumenten   156
Fehler Nummer 4: Sie schätzen die Situation nicht realistisch ein   158
Fehler Nummer 5: Sie lassen den Vision-Selling-Prozess stagnieren   160
Fehler Nummer 6: Sie sind nicht gut genug vorbereitet   162
Fehler Nummer 7: Sie lassen die Schmerzen zu gering   163
Fehler Nummer 8: Sie vergeuden Ihre Zeit mit Ausschreibungen   164
Fehler Nummer 9: Sie haben den ROI nicht nachgewiesen   165
Fehler Nummer 10: Sie sprechen mit Pseudo-Entscheidern   166

8 Realisieren: Wie Sie Vision Selling nachhaltig in der Praxis umsetzen   168

Drei Ansätze für Ihre Vertriebsoptimierung   168
Umsetzungstipps für Verkäufer   170
Umsetzungstipps für die Organisation   176
Umsetzungstipps für die Führung   177

Nachwort   184

Literaturverzeichnis   185

Stichwortverzeichnis   186

Der Autor   188

Vorwort

„Abwerfen, abzocken, abhauen" – das war mal der so genannte Vertriebsdreikampf. Ja, das war mal! Als Vertrieb noch nicht viel mehr war als das Verteilen von Gütern vor dem Hintergrund des noch vorhandenen Mangels.

Heute muss man im Geschäftsleben eher – in Abwandlung des bekannten Goethe-Zitates – konstatieren: „Nach dem Vertrieb drängt,/ Am Vertriebe hängt/ Doch alles". Denn tatsächlich: Mit der Vertriebskraft steht und fällt die Zukunftssicherheit jedes Unternehmens.

Verkauf von erklärungsbedürftigen, hochpreisigen Produkten und Leistungen

Und welche Steigerungen da mit dem richtigen System noch möglich sind, haben wir, die GUS Group AG & Co KG, am eigenen Leib erfahren. Die GUS Group AG & Co KG entwickelt seit über 25 Jahren Unternehmensanwendungen für die Branchen Pharma, Nahrungs- und Genussmittel, Chemie, Kosmetik, Biotechnologie und Logistik. In diesen Bereichen führen wir auch Projekte durch, richten IT-Infrastrukturen ein und bauen Know-how durch Beratung auf. Alles hoch erklärungsbedürftige Produkte und Dienstleistungen im High-Investment-Bereich. Lange Sales-Cycles sind da vorprogrammiert. Vor allem, wenn der Vertrieb dann auch nicht optimal aufgestellt ist. Weil er beispielsweise viel zu tief in der Entscheiderkette ansetzt, also „bottom-up" statt „top-down" verkaufen will. Das verlängert die Sales-Cycles unnötig, und oftmals „versickern" die geplanten Projekte und die avisierten Abschlüsse auch beim Weg nach oben durch die Instanzen. Das war auch eines unserer Probleme.

Kürzere Sales-Cycles, höhere Abschlusserfolge

Dann lernten wir Stephan Heinrich mit dem System „Vision Selling" kennen. Ich will nicht sagen, dass, seit wir dieses System selbst einsetzen, alles anders ist. Nein, aber sehr vieles ist besser! Wir haben dieses neue Verkaufskonzept Vision Selling in der Beratung und im Training durch das Team von Heinrich Management Consulting kennen gelernt als ein seit vielen Jahren erprobtes System, um komplexe und hochpreisige Leistungen und Produkte direkt an die Top-Entscheider von Unternehmen zu verkaufen. Denn: Ein gutes Produkt, ein günstiger Preis – das allein führt nicht notwendig zum Geschäftserfolg. Erst die Vision, die mit dem Produkt verbunden wird, macht aus dem Angebot eine Verführung. Vision Selling verführt zum Erfolg, weil hier alles zusammen kommt: die richtige Verkaufsstrategie, der Erfolgstyp, die Story.

Große Verkaufserfolge beruhen auf Vision und Handwerk

Ganz sicher ist richtig – und wir haben es gelernt und im Vertriebserfolg erfahren – dass große Verkaufserfolge immer auch etwas mit einer Vision zu tun haben. Aus drei Gründen:

Erstens: Top-Entscheider in Unternehmen haben immer eine Vision, egal, wie sie sie auch nennen. Sie sind auf der Suche nach einer nachhaltigen Lösung für ihr brennendes Problem, ihren Engpassfaktor, ihren Kittelbrennfaktor. Als Vorstandsvorsitzender der Top-Entscheider bei der GUS Group AG & Co KG bin ich sicher einer der Top-Entscheider – und ich weiß, wie sie ticken. Natürlich hatte die GUS Group seit Gründung eine Vision: erstklassige Software für erstklassige mittelständische Unternehmen. Aber eine Vision muss leben, sich weiter entwickeln und an neue Anforderungen angepasst werden. Dazu ist auch der Dialog mit jenen Menschen wichtig, die kontinuierlich den Puls des Kunden spüren: die Vertriebsmitarbeiter. Aus diesem Herzschlag nehmen wir bei der GUS Group unsere Vision. Und diese „Key-Message" machen wir auch zur Schlüsselaussage unseres Vertriebs.

Zweitens: Als uns das klar war, wussten wir auch sofort, wie wichtig es sein würde, dass unsere Vertriebsmitarbeiter es schaffen, genau solche Visionen bei den Entscheidern unserer Kundenunternehmen zu wecken. Genau da setzt der nächste Aspekt der Vision ein: Dieses Bild wird der Verkäufer dem Entscheider zeichnen und mitgeben. Denn das löst nicht nur das „Haben-Wollen" aus – sondern ein „Haben-Müssen"! Nach dem Motto: „Ich als Top-Entscheider *muss* diese Lösung jetzt haben, damit ich meine Vision von der Zukunft dieses Unternehmens – und auch von mir selbst als Unternehmensführer – umsetzen kann." Der größte Kaufauslöser überhaupt!

Drittens: Auch unsere Vertriebsmitarbeiter haben jetzt eine Vision. Denn der Verkäufer im Vision Selling lebt und verwirklicht seine Vision, zum Beispiel seinem Kunden einen Nutzen und eine Problemlösung zu bieten, die dieser nicht erwartet.

Vision Selling bindet diese Aspekte zusammen. Und das auf einer handfesten, bodenständigen Ebene. Denn das Verkaufen an sich ist keine Kunst, es darf nicht zur Geheim-Strategie hochgejubelt werden. Das tut Stephan Heinrich auch nicht, im Gegenteil! Sein Motto: „Verkauf ist Handwerk." Und so kann er sein Wissen auch in Seminaren, Beratungen und eben diesem Buch weitergeben.

Fazit: Verkaufen an Top-Entscheider funktioniert!

Unsere Verkäufer haben inzwischen ihre Einstellung zum Verkauf und somit auch ihre Art zu verkaufen drastisch umgestellt. Sie verkaufen jetzt immer mehr direkt an die Top-Entscheider im Unternehmen. Denn was die wollen, wird gemacht. Dadurch werden die Sales-Cycles wesentlich verkürzt und die Abschlusssicherheit wesentlich gesteigert. Denn Top-Entscheider wollen Ergebnisse sehen. So sind uns erhebliche Steigerungen unserer Vertriebserfolge gelungen. Stephan Heinrich macht aus guten Verkäufern brillante Key Accounter. Und Stephan Heinrich ist ein Autor, der diese Verführung auch zwischen zwei Buchdeckeln aufleben lassen kann. Deswegen kann ich Ihnen aus unserer eigenen Erfahrung dieses Buch nur empfehlen!

Dipl.-Vw. Heinz Paul Bonn
Vorstandsvorsitzender GUS Group AG & Co. KG
Mitglied des BITKOM Präsidiums

Zum Geleit

Seit über 25 Jahren beschäftige ich mich mit dem Verkauf komplexer Leistungen und Produkte – zuerst als Verkäufer, Vertriebsleiter und Geschäftsführer im Bereich IT, inzwischen als Berater und Trainer. Dabei habe ich vor allem eines immer wieder erfahren: Industrielösungen, IT-Anwendungen, spezialisierte Maschinenparks, mächtige Software-Pakete oder hochkomplexe Dienstleistungen zu verkaufen, ist etwas anderes, als Computer anzubieten, die jeder ausprobieren kann, oder Schuhe, die jeder anfassen kann, oder Kleidung, die jeder sehen kann. High-Investment-Produkte haben aufgrund ihrer Kostenstruktur außerdem meist lange Verkaufszyklen und bedeuten schwierige Verhandlungen.

Die Aufgabe

Diese Herausforderung hat mich fasziniert, und ich habe mir ein ehrgeiziges Ziel gesetzt: Ich wollte ein systematisches und klar strukturiertes Konzept finden, mit dem der Verkauf solch komplexer Produkte gelingt und das ich anderen weitergeben kann. Es sollte ein System sein, das handfest und bodenständig ist. Denn – das ist meine tiefste Überzeugung – Verkauf ist Handwerk. Ein Handwerk, das man zuverlässig lernen und anwenden kann. Ganz sicher will doch kein Unternehmen seinen Mittelzufluss von einer Truppe von „Künstlern" im Verkauf abhängig machen!

Besonders erfolgreich, so meine Beobachtung, sind im B-to-B-Geschäft diejenigen Verkäufer, die

- sich direkt an die Entscheider wenden, die die erforderlichen Budgets freigeben. Damit können sie die Verkaufszyklen in der Regel erheblich abkürzen und kommen schneller ans Ziel.

- es schaffen, vom Produkt wegzugehen und ihrem Kunden den Nutzen zu schildern, die positiven und erwünschten Auswirkungen, die das Produkt oder die Leistung in seinem Unternehmen künftig haben wird.

Das neue Verkaufssystem

Auf dieser Basis habe ich ein System entwickelt, das Sie im Laufe dieses Buches kennen lernen werden. Ich nenne es Vision Selling. Dieses Konzept setzt ganz oben an, bei den Top-Entscheidern, und unterstützt Sie dabei, als Vertriebler diese begehrte Zielgruppe zu erreichen und damit schneller und direkter zum Abschluss zu kommen. Sie werden erfahren, wie Sie die Vision des Top-Entscheiders erfassen und darauf Ihr Angebot abstimmen.

Handwerker benutzen Werkzeuge. Damit erledigen sie bestimmte Aufgaben und halten sich an bestimmte Grundsätze. Diese einfache und dennoch geniale Struktur, die auch Fredmund Malik vom Management Zentrum St. Gallen in seinen Büchern und Managementkonzepten nutzt und propagiert, soll auch hier den Rahmen bilden.

In vielen Gesprächen mit Verkäufern und in Hunderten von Seminaren habe ich immer wieder festgestellt, dass gestandene Verkäufer zunächst skeptisch mit der von mir angestrebten Rationalisierung des Top-Level-Vertriebs umgehen. Verkaufen auf dieser Ebene sei schließlich „People Business", geprägt von persönlichen Kontakten. Dazu könne man doch wohl kein funktionierendes Schema entwickeln. Diese Skepsis ist sicher verständlich, jedoch unbegründet. Die Emotion und das Charisma des Verkäufers ist nach wie vor Kapital, das er oder sie einsetzen wird, um erfolgreich zu sein. Dieses Kapital alleine reicht aber nicht aus. Kontakte und emotionale Intelligenz sind alleine noch nicht genug, um wiederholbar erfolgreich zu sein, um den Erfolg vom Zufall zu befreien.

Für wen ist dieses Buch

Vision Selling erhebt den Anspruch, das heute vorhandene Wissen zu strukturieren und zu einem Rahmenwerk zu fügen, entlang dem moderne Vertriebsorganisationen ihren Erfolg planbar machen können. In den letzten Jahren habe ich mit vielen Seminarteilnehmern aus den verschiedensten Branchen gearbeitet und mit ihnen die Methode immer weiter entwickelt. Die messbaren Erfolge sind beachtlich und machen mir Mut, sie weiter zu verfeinern. Und darum bin ich sicher, dass auch Sie, meine Leserinnen und Leser, dieses Konzept nutzen können, um Top-Entscheidern zu helfen, ihre Vision zu verwirklichen.

Mein Buch richtet sich an alle, die sich beruflich mit Vertrieb und Marketing von Investitionsgütern beschäftigen. Sie können aus diesem praxisnahen Konzept wichtige Prinzipien und Tipps für ihren täglichen Umgang mit dem Kunden ableiten. Es ist kein „Tschaka-Du-schaffst-es" für die Entmutigten und Überforderten. Und es ist auch kein Rezeptbuch, das für sich den Königsweg beansprucht. Aber es zeigt erfolgreiche Wege zu den „Königen im Unternehmen", direkt in die Plüschetage der Vorstände und die Glasbüros der Firmenentscheider.

Übrigens: VisionSelling® ist markenrechtlich geschützt und auch Titel einer Reihe von Seminaren und Workshops zum Thema, zu denen ich Sie herzlich einlade. Auf die Darstellung mit dem Markenrechtszeichen verzichten wir im Buch zugunsten der leichteren Lesbarkeit. Und wo im Folgenden von Verkäufern und Entscheidern, von Vorständen und Vertriebsleitern die Rede ist, wird nur wegen eben dieser leichteren Lesbarkeit auf die jeweilige explizite Nennung der weiblichen Form verzichtet – sie wird aber mitgedacht.

Ich wünsche Ihnen viele erfolgreiche Abschlüsse mit Top-Entscheidern und freue mich auf Ihre Rückmeldungen und Anregungen.

Ihr Stephan Heinrich
stephan.heinrich@visionselling.de

Service für Leser
Zu wichtigen Themen und Aspekten in diesem Buch stellen wir Ihnen zusätzliche Arbeitshilfen online zur Verfügung. Sie finden diese auf www.visionselling.de. Dazu müssen Sie sich dort mit einem Passwort registrieren. Dieses Passwort lautet: GABVIS.

1 Der radikale Umbruch im Verkauf

Was Ihnen dieses Kapitel bietet

Die allerbegehrteste und allerwichtigste Zielgruppe im Vertrieb sind zweifellos die Top-Entscheider im Unternehmen. Sie zu gewinnen und zu überzeugen ist letztlich das Ziel jedes Verkaufsprozesses von komplexen Produkten und Dienstleistungen. Top-Entscheider sind jedoch sind nicht an Bergen von Papier, nicht an schönen Präsentationen und nicht an kunstvollen Argumentationsketten interessiert. Wenn Sie sie erreichen wollen, müssen Sie ihre wahren Motive treffen. Neue und teils verblüffende Strategien liefert Ihnen dazu das System „Vision Selling".

Machen Sie sich darauf gefasst, mit einigen radikalen Umbrüchen konfrontiert zu werden! Umbrüche, die Ihr bisheriges und traditionelles Verständnis von Vertrieb und Verkauf zumindest in Frage stellen. Oder haben Sie schon einmal davon gehört, dass Verkäufer ihre Präsentation mit den Worten eröffnen sollen: „Heute haben wir eine Nicht-Präsentation für Sie vorbereitet!"? Darum zunächst ein Überblick: Wo setzt Vision Selling an, inwiefern nützt es Ihnen, wie lauten die Grundsätze dieses Konzepts und welche Ziele verfolgt es?

Die Ausgangssituation

Um erklärungsbedürftige, komplexe Produkte geht es in vielen Branchen wie im Finanz- und Versicherungsvertrieb sowie im Strukturvertrieb, darüber hinaus auch in den anspruchsvollen Bereichen des Verkaufs sehr teurer Industrie- und Anlagegüter sowie im IT-Hardware- und Software-Verkauf.

Betrachten wir beispielhaft die IT-Industrie. Die meisten erfolgreichen Vertriebsorganisationen im IT-Bereich sind durch das schnelle Wachstum und die technologiegetriebene Konjunktur der Y2K-Periode geprägt. Viele Verkäufer der IT-Industrie haben das „Verkaufen" als Handwerk nie gelernt, weil die Nachfrage lange Zeit so groß war, dass auch ohne herausragende Vertriebsleistungen „verteilt" werden konnte. Aus meiner jahrelangen Erfahrung lassen sich bei den Vertriebsorganisationen von Systemhäusern vor allem folgende Beobachtungen machen:

- Aus Bequemlichkeit und aus Gewohnheit wenden sich Vertriebsmitarbeiter, Vertriebsingenieure und Verkäufer im (potenziellen) Kundenunternehmen an den Fachverantwortlichen statt an den Entscheider. Die Akquisition erfolgt zu weit unten in der Kundenorganisation. Dadurch wird der Sales-Cycle unnötig um mindestens 30 Prozent verlängert.

- Der Vertrieb hat konzentriertes Zuhören verlernt. Zu wenig Klarheit und Kenntnis über die Situation der Kunden (der Entscheider), die Sicht auf die bestehenden Probleme und die messbaren Auswirkungen sind die Ursache für grobe Fehleinschätzungen im Forecast und das Festhalten an unprofitablen „Dauerbrennern".
- Mindestens 25 Prozent aller Einträge in Forecasts oder so genannter Vertriebs-Pipeline sind nach der Messung von Heinrich Management Consulting grobe Fehleinschätzungen!
- Das Nachfragen und Verstehen der wahren Kaufmotive wird vergessen. Deshalb entstehen unsauber abgeglichene ROI-Modelle, und der Verkäufer geht mit stumpfen Waffen in den Kampf mit dem Einkäufer. Es entspricht unseren Erfahrungen, dass die Hälfte aller Preisnachlässe nicht wettbewerbsrelevant und von daher unsinnig sind! Dieser Situation folgend, ergibt sich eine – unnötige – Umsatzeinbuße von etwa 10 Prozent und ein Profitverzicht von etwa 35 Prozent.

In der Praxis gibt es bei Vertriebsmitarbeitern, die komplexe Leistungen im hochpreisigen Segment verkaufen, noch sehr viel Unsicherheit und Unwissenheit darüber, wie man direkt und effizient zum Abschluss kommt. In unseren Seminaren hören wir immer wieder Fragen wie:

- Wie wecke ich das Interesse der Führungskräfte potenzieller Kunden für unsere Leistungen?
- Wie können wir uns mit komplizierter Technik oder vielschichtiger Dienstleistung vom Wettbewerber abgrenzen, die der Kunde zwar in vollem Umfang nutzen möchte, in ihren Auswirkungen aber kaum versteht?
- Wie setzen wir unsere Preise gegen Preisdumping durch?
- Wie verhindere ich, dass der Entscheidungsprozess beim Kunden ins Stocken gerät?
- Wie wecke ich das Interesse der Entscheider, wenn ich einen potenziellen Kunden erstmals anspreche?
- Wie vermeide ich, von der Sekretärin abgeblockt oder „nach unten" durchgereicht zu werden?

Und vor allem:

- Wie kann ich die Top-Entscheider der potenziellen Kunden-Unternehmen direkt erreichen und ihr dauerhaftes Interesse erhalten, da diese eigentlich der beste Ansprechpartner für Lösungen auf hoher Abstraktionsebene sind?

Antworten auf diese Fragen bietet das neue Konzept des Vision Selling.

Die Lösung: Vision Selling

Vision Selling liefert Ihnen eine Verkaufsstrategie, die Ihnen dabei hilft, die Top-Entscheider der Unternehmen erfolgreich zu adressieren. Das Konzept setzt „on top", also ganz oben in der Macht- und Gestaltungspyramide im (potenziellen) Kundenunternehmen an. „On top" bezieht sich natürlich auch auf die größeren Verkäufe, die hier realisierbar sind. Dabei geht es meist um hochpreisige Investitionsgüter oder hochkomplexe Dienstleistungspakete, denn diese erfordern zukunftsentscheidende strategische Entscheidungen seitens der Top-Entscheider für ihre Unternehmen – und für sie selbst, ihr Image und ihre Machtgestaltung im Unternehmen. Wo solche Entscheidungen gefällt werden, da ist „Preis" zwar auch ein Faktor, aber ein nebengeordneter. Daher untersuchen wir die eigentlichen Motivationsstrukturen der verschiedenen Entscheider-Klassen" und bündeln Strategien und Techniken, diesen entgegenzukommen.

Per Kaltakquise an den Top-Entscheider – wie ist das möglich?

Wie aber kommen Sie als Vertriebsmitarbeiter im Rahmen einer Kaltakquise an den Top-Entscheider heran – wenn Sie nicht in seiner Klasse auf dem Elite-College waren oder im selben Golfclub sind? Vision Selling hält neue Strategien bereit, um Top-Entscheider direkt anzusprechen und dauerhaft für Ihr Angebot zu interessieren. Sie werden erfahren, wie Sie das richtige Angebot für jeden Entscheider entwickeln, wie Sie an seinen „Watchdogs" vorbeikommen, wie Sie eine Nicht-Präsentation durchführen, wie Sie Ihr Angebot im Prozess des Wissenserwerbs über die Entscheidungsfaktoren des Chefs und seiner Mannschaft entstehen lassen. Die Vision der Entscheider zu ermitteln, zu erfragen und zu unterstützen, das ist eine zentrale Strategie von Vision Selling. Im großvolumigen High-Investment-Geschäft und im Angebot von komplexen Leistungen wie der Entwicklung und Implementierung mächtiger Softwares kann der Verkäufer nichts Konkretes aus dem Musterköfferchen ziehen. Deshalb arbeitet das System mit „Visionen". Mit der Veranschaulichung großer Ideen durch die Vorführung der erwünschten Auswirkungen in der konkreten zukünftigen Erfahrenswelt des spezifischen Kundenunternehmens.

Die Grundsätze von Vision Selling

Vision Selling heißt, dass Sie ab sofort keine Produkte oder Dienstleistungen mehr verkaufen, sondern Lösungen. Und zwar nicht die Lösung, die aus **Ihrer** Sicht die optimale für die Probleme Ihres Kunden ist, sondern die, die aus der Perspektive Ihres Kunden die beste ist. Wir nehmen die Forderung, dass die Unternehmen und insbesondere die Verkäufer die Wahrnehmungsbrille der Kunden aufsetzen sollen, Ernst. Und ziehen die notwendigen Konsequenzen aus der Fokussierung auf den Kunden.

Grundsatz 1: Radikale Nutzenorientierung

Die klassischen Produktverkäufer unter Ihnen werden umdenken müssen, denn wenn Sie Vision Selling anwenden, tritt das Produkt in den Hintergrund. Es geht nicht um die Darstellung der Vorteile Ihrer Produkte oder Ihrer Dienstleistung. Es geht um die Darstellung der Nutzen der Lösung, die für Ihren Kunden die beste ist.

Die meisten Verkäufer gehen so vor, dass sie die Problemlage des Kunden hin zum eigenen Produkt analysieren. Das heißt, sie nutzen ein Analyseinstrumentarium, welches so strukturiert ist, dass es mit hoher Wahrscheinlichkeit diejenige Problemlage ans Tageslicht befördert, für die der Verkäufer genau das richtige Produkt, genau die richtige Dienstleistung, genau die richtige Lösung aus seinem Angebotskoffer hervorzaubert. Wir können dies die *verkäuferzentrierte Lösung* nennen. Diese Lösung ist zwar vom Verkäufer nach bestem Wissen und Gewissen erarbeitet worden – sie ist aber nicht unbedingt die Lösung, die objektiv betrachtet die beste Lösung für den Kunden ist.

Die kundenzentrierte Lösung verkaufen

Im Vision Selling ist hingegen das Ziel, die beste *kundenzentrierte Lösung* zu finden. Wobei „Lösung" oft – branchenbedingt – „individuell zusammengestellt" heißt, und noch öfter: „individuell dargestellt". Die punktgenau auf den Lösungsbedarf des Kunden bezogene Vorgehensweise hat weitreichende Folgen. Kundenzentrierte Lösungen werden grundsätzlich an die Top-Entscheider im Unternehmen verkauft.

Radikale Nutzenorientierung ist möglich, wenn Sie exakt verstanden haben, was die Probleme des Kunden sind. Das gelingt Ihnen, wenn Sie sich mit der Denk- und Handlungsweise Ihrer Entscheider auseinandersetzen und mit ihren Grundsätzen und Handlungsprämissen, ihren Verhaltensmustern und Persönlichkeitsprofilen beschäftigen. Indem Sie sich in die Welt der Top-Entscheider begeben, lernen Sie deren Entscheidungsparameter kennen. Sie erfahren, von welchen Erwartungen, Wünschen, Hoffnungen, Ängsten und Befürchtungen diese Entscheidungsträger geleitet werden.

Im zweiten Kapitel steht die Denkweise der Top-Entscheider im Mittelpunkt – hier nur so viel: Top-Entscheider im Unternehmen sind vordringlich an den folgenden Themenbereichen interessiert:

- Umsatzsteigerung,
- verbesserte Prozesse,
- Kundenzufriedenheit,
- überflüssige Kosten vermeiden,
- eigene Profilierung und
- Zukunftsorientierung.

So gut wie immer entstammt das brennendste Problem, die größte Herausforderung des Machthabers im Unternehmen einem oder mehreren dieser Themenbereiche. Oft weiß er vielleicht gar nicht, dass er ein Problem hat, oder vor welcher Herausforderung er oder das Unternehmen steht. Öfter noch wird er womöglich nicht wissen, welchem Themenbereich das Problem entstammt. In jedem Fall aber sucht er für seine – ihm klar gewordenen Probleme oder Herausforderungen – eine strategische Lösung. Und zwar die Lösung, die gleichzeitig seinem Machterhalt oder -ausbau dient. Und mit Hilfe von Vision Selling sind Sie in der Lage, ihm diese beste Lösung zu bieten – und damit den höchstmöglichen Nutzen.

Die kundenzentrierte Lösung ist die Vision

Wieso heißt „Vision Selling" überhaupt Vision Selling? Drei wichtige Gründe dafür hat schon das Vorwort geliefert: Die Vision des Top-Entscheiders, die Vision als gestalterische Umsetzungskraft, die Vision des Verkäufers. Im unternehmensstrategischen Sinn beschreibt eine Vision, wofür ein Unternehmen steht, sie begründet seinen sinngebenden Zweck. Eine Vision gründet auf klaren Werten und Zielen, die die „Seele" des Unternehmens ausmachen. Sie weitet den Blick und eröffnet die Panoramasicht auf das Unternehmen, wie es in fünf oder zehn Jahren ausschauen könnte. Eine Vision ist handlungsanleitend und bietet allen Unternehmensmitgliedern Orientierung.

Bezogen auf die Entscheider hat der Visions-Begriff eine weitere und viel handfestere Bedeutung: Dem Top-Entscheider geht es darum, für Probleme innerhalb jener Bereiche „Umsatzsteigerung, verbesserte Prozesse, Kundenzufriedenheit, überflüssige Kosten vermeiden, Profilierung und Zukunftsorientierung" die beste und gleichzeitig machterhaltende oder machtausbauende Lösung zu finden.

Die kundenzentrierte Lösung ist seine Vision: Ob in Boom-Zeiten, in Zeiten wirtschaftlicher Flaute, in Auf- und Abschwung – stets hat der Top-Entscheider ein elementares Interesse daran, für seine „Kittelbrennprobleme" eine Lösung zu finden. Und dass er diese Lösung schnell und permanent zur Hand hat, dass er über sie entscheiden und damit etwas Bleibendes gestalten kann – das ist seine überdauernde Vision, die Sie ihm erfüllen können.

In der Regel wissen Sie vor dem Kundengespräch noch nicht, welche Lösung für Ihren Kunden die beste ist. Das werden Sie im Gespräch – mit den im fünften Kapitel vorgestellten VI-SI-ON-Fragetechnik – herausfinden und entwickeln. Wenn es Ihnen dann gelungen ist, die für den Kunden beste Lösung zu formulieren, sind Sie ganz nahe dran an der Vision des Top-Entscheiders – und die ist der kaufauslösende Reiz!

Tipp aus der Praxis

Radikale Nutzenorientierung heißt für Sie: Es ist Ihre absolute Maxime, den individuellen Nutzen aus der Sicht Ihres Top-Entscheiders anzubieten. Beachten Sie dabei den wesentlichen Unterschied zwischen einem Vorteil und einem Nutzen: Vorteile beschreiben möglichen Nutzen. Nutzen kann sich jedoch nur individuell ergeben. Während ein Vorteil generell bestehen kann und den *möglichen* Nutzen beschreibt, ist der Nutzen ein individuell empfundener Wert.

Dazu ein Beispiel: Es ist ein Vorteil eines Motorrades, dass man mit ihm in einer Großstadt während der Rushhour schneller vorankommt, weil man sich zwischen den Autos hindurchschlängeln kann und an jeder Ampel nur eine Rot-Phase mitmachen muss. Das *nutzt* jedoch nichts, wenn man nicht in einer Großstadt wohnt, keinen Motorradführerschein hat oder dieses unerlaubte Verhalten im Straßenverkehr ablehnt. Vision Selling nimmt also nicht potenzielle Vorteile in den Fokus – die den Kunden wahrscheinlich gar nicht interessieren. Es geht um den Nutzen als die aktualisierten Vorteile.

Grundsatz 2: Fokus auf Machtinhaber im Unternehmen

Radikale Nutzenorientierung ist das Ziel – die Top-Entscheider des Unternehmens sind Ihre Zielgruppe. Denn von ihnen werden die Investitionsentscheidungen getroffen. Mit Vision Selling halten Sie den Fokus auf die entscheidenden Gesprächspartner und gehen top-down im Unternehmen vor.

Die Erfahrung zeigt: Aus Bequemlichkeit und aus Gewohnheit wenden sich Vertriebsmitarbeiter, Vertriebsingenieure und Verkäufer im (potenziellen) Kundenunternehmen an den Fachverantwortlichen statt an den Entscheider. Die Akquisition erfolgt zu weit unten in der Kundenorganisation. Dadurch wird der Sales-Cycle unnötig um mindestens 30 Prozent verlängert. Zudem zeigt die Praxis, dass lange Entscheidungszyklen und überraschende Misserfolge häufig damit zusammenhängen, dass sich Verkäufer von *vermeintlichen* Entscheidern blenden lassen. Dies greifen dann kostenlos Informationen und andere Leistungen von Vertriebsorganisationen ab, ohne dafür jemals eine Gegenleistung zu erbringen. Die Effizenz der meisten Vertriebsorganisationen ließe sich nicht unbeträchtlich verbessern, wenn sich die Verkäufer direkt an die Entscheider wenden würden.

Tipp aus der Praxis

Wer Lösungen verkaufen will, die vom Kunden nicht als Kosten, sondern als Zukunftsinvestitionen betrachtet werden sollen, setzt ganz oben in der Organisation des Kundenunternehmens an. Vision Selling wendet sich an die Top-Entscheider, die die strategischen Entscheidungen fällen, die für die Zukunftsorientierung des Unternehmens von eminenter Bedeutung sind.

**Grundsatz 3:
Psychologische Muster und Motive kennen und nutzen**

Die Motive der Machtinhaber im Unternehmen sind unterschiedlich, fast immer aber auf Machterhalt und -ausbau ausgerichtet. Vision Selling hinterfragt die Motive und kennt die psychologischen Muster, die dahinter stehen.

Entscheidend ist, dass Sie klar erfassen, was Ihrem Kunden wirklich Kopfzerbrechen bereitet. Dann kann es gelingen, Lösungen anzubieten, für die Investitionsbereitschaft besteht. Sie lernen, gerade auch in komplexen Situationen konsequent und immer wieder herauszuarbeiten, was im Moment konkret eine Änderung der aktuellen Situation erfordert. Oder warum bestehende Probleme gerade jetzt gelöst werden sollten.

Grundsatz 4: Hören Sie genau zu – statt nur zu reden

Wer fragt, führt. Aber: Wer die richtigen Fragen stellen will, muss vorher genau zuhören: nämlich dem Kunden! Mit bestimmten Fragetechniken (Kapitel 5) gelingt es Ihnen, die Situation des Kunden wirklich zu verstehen und darauf zu reagieren. So gewinnen Sie ein deutliches Bild von der Situation und der Sichtweise des Kunden. Und das Angebot entsteht im Prozess des Wissenserwerbs über die Entscheidungsfaktoren des Chefs und seiner Mannschaft.

Übrigens: Beim Vision Selling kommt es auch in Ihren Präsentationen darauf an, dass Sie zunächst einmal gut zuhören. Traditionelle Produktvorführungen sind eher kontraproduktiv. Durch eine solche Demonstration werden dem Kunden zumeist Details gezeigt, die ihn nur ablenken und ihm im besten Fall das Gefühl geben, bereits gut informiert zu sein. Im Normalfall lösen die perfekten Folienschlachten, die dann begleitet werden von Endlos-Reden des Verkäufers, vor allem neue Diskussionen aus: zur Relevanz des Gezeigten im eigenen Unternehmen, zu Detailaspekten. Diese Diskussionen lenken vom eigentlichen Thema ab: „Wie löse ich (mit Hilfe des Verkäufers) meinen Kittelbrennfaktor?" Und *das* ist die einzige Frage, die verkauft.

> **Tipp aus der Praxis**
>
> Also: Bitte zuhören – und wenn Sie reden, dann stellen Sie Fragen!

Grundsatz 5: Präzise kommunizieren

Schreiben ist präziseres Denken. Nach diesem Grundsatz werden Sie künftig wichtige Verkaufsgespräche schriftlich dokumentieren. Zu jedem Zeitpunkt sorgen Sie dafür, dass Ihr Kunde und alle Kräfte in Ihrem Unternehmen nachvollziehen können, in welcher Situation sich der Kunde befindet.

Ihr Kunde schätzt dieses Verhalten ganz besonders. Denn so wird für ihn sichtbar, dass er durch Sie verstanden wurde. Sie schildern ihm die Gesprächsinhalte und zeigen, dass Sie seine Schwierigkeiten, deren Ursachen und Auswirkungen sowie seine Vorstellung von einer besseren Zukunft verstehen.

Die Aufgaben von Vision Selling

Ihr Ziel: Der Sinn von Vertrieb ist es, Umsatzpotenzial zu finden. Nicht zu suchen! Finden und für Ihr Unternehmen zu verwerten. Sie wollen sich nicht mit kleinen Aufträgen begnügen. Weil Sie die Situation des Kunden umfassend verstehen, kennen Sie das gesamte Potenzial. Sie machen dies dem Kunden klar und positionieren sich und Ihr Unternehmen als kompetenten Partner für eine langfristige Zusammenarbeit. Aus diesem Ziel lassen sich die Aufgaben des Vision Selling ableiten.

Aufgabe 1: Trennung von Kunden und Nicht-Kunden

Es gibt wohl kaum (legale) Unternehmen, die allen Ernstes einen hundertprozentigen Marktanteil anstreben. Also ist auch das Ziel kaum sinnvoll, **jeden** Interessenten zum Kunden zu machen. Wenn 10 Prozent Marktanteil angestrebt werden, ist es akzeptabel, dass 9 von 10 potenziellen Kunden eben nicht Kunden werden. Wenn 20 Prozent Marktanteil angestrebt werden, ist es akzeptabel, dass 8 von 10 potenziellen Kunden nicht Kunden werden. In vielen Vertriebsorganisationen wird aber häufig genau diese Null-Fehler-Devise ausgegeben. Mit Vision Selling konzentrieren Sie Ihre Kräfte auf das Machbare. Die Devise „Verkaufen beginnt beim ‚Nein'" können Sie getrost in der Mottenkiste der Geschichte entsorgen.

In Wirklichkeit *endet* Verkaufen beim „Nein". Professionelle Verkäufer sorgen dafür, das „Vielleicht nicht" vom „Nein" zu unterscheiden. Vision Selling liefert Ihnen die Werkzeuge dafür, um diesen Unterschied besser erkennen zu können. Denn im Top-Entscheider-Bereich können Sie nicht nachkarten, nachfeilschen, nachlegen. Sparen Sie sich die Mühe und Ihrer Firma das Geld – und konzentrieren Sie sich auf die Kunden, die Ihnen im High-Investment-Bereich richtig viel Geld bringen.

Aufgabe 2: Kundennutzen präzise herausarbeiten

„Niemand braucht eine Bohrmaschine. Alles was interessiert, ist das Loch in der Wand." Diese Verkäuferweisheit ist so alt wie wahr. Leider gerät sie in der Praxis immer wieder in Vergessenheit. Im Laufe der Zeit neigen Vertriebsorganisationen dazu, ihre Produkte oder Dienstleistungen „zu positionieren", also mit Wettbewerbsangeboten zu vergleichen und die Vorteile herauszuarbeiten. Dabei steht im Vordergrund, die oft minimalen Unterschiede zu beleuchten und zu erklären. Wesentlich sinnvoller ist es jedoch zu verstehen, welchen konkreten Nutzen der *einzelne Kunde* sich verspricht. Vision Selling hilft Ihnen, diese wichtige Aufgabe des Verkaufs im Auge zu behalten.

Aufgabe 3: Zuverlässige Umsatzvorhersage

Wer sät, wird auch ernten. Um im Vision Selling kontinuierlich Ergebnisse zu liefern, muss die Balance zwischen Säen und Ernten stimmen. Es kommt darauf an, den Zeitaufwand für Akquisition und die Arbeit an Verkaufsabschlüssen geschickt zu verteilen.

In einem reifen Markt ergibt sich eine „Ernteformel", die besagt, aus wie vielen kalt akquirierten Kontakten wie viele Interessenten, wie viele konkrete Verkaufsgespräche, wie viele Angebote und letztlich wie viele Aufträge werden. Dieser Erfahrungswert gibt auch gleichzeitig die optimale Aktivitätsverteilung wieder. In modernen Verkaufsorganisationen sorgen erfolgreiche Vertriebsleiter dafür, dass diese Aktivitätenverteilung im Vertrieb berücksichtigt wird.

Ihr Unternehmen will Herr der Lage sein. Dazu ist es notwendig, den Status von Verkaufsanstrengungen klar zu kommunizieren. Es muss für das Management und die einzelnen Mitarbeiter im Verkauf stets sichtbar sein, an welcher Stelle im Verkaufsprozess sich die einzelnen Vertriebsprojekte befinden. Das Management im Verkauf kann so Kräfte bündeln und gezielt auf lohnende Geschäftsfelder lenken. So werden besonders erfolgreiche Vorgehensweisen im Verkauf dokumentiert und können auf andere Geschäftsfelder übertragen werden. Das Management im Vertrieb hat die

Aufgabe, die Chancen und Risiken strukturiert darzustellen und somit ein klares Bild von zu erwartenden Umsätzen zu vermitteln. Dabei wird es von verschiedenen Werkzeugen des Lösungsvertriebs, vor allem vom Prinzip der Meilensteine, unterstützt.

Letztlich besteht eine Kernkompetenz des Vertriebs darin, die voraussichtlichen Umsätze und damit einen wichtigen Teil des Cashflow des Unternehmens vorherzusagen. Wenn das misslingt, ist die Liquidität und damit auch die Überlebensfähigkeit des Unternehmens in Gefahr. Fast jedes Unternehmen kann eine gewisse Zeit ohne Gewinn ertragen. Fehlende Liquidität bedeutet jedoch auch für profitable Unternehmen fast immer den sofortigen Exitus.

Aufgabe 4: Entscheidungen verzögerungsfrei ermöglichen und vorantreiben

Viele Vertriebsorganisationen könnten ihre Effektivität enorm steigern, wenn sie darauf achten würden, dass jede Begegnung mit einem Interessenten oder Kunden grundsätzlich ein konkretes Ergebnis haben sollten. Zu oft werden Kundentermine nach diesem Motto geplant: „Mach Dir ein paar schöne Stunden: Fahr zum Kunden".

Bitte verstehen Sie dies nicht als Aufforderung zum „Drücken". Es geht hier nicht darum, die Entscheidung des Kunden zu erzwingen. Vielmehr geht es um konsequentes Entscheidungsmanagement. Dazu gehört es zu verstehen, was noch einer Entscheidung im Wege steht. Diese Punkte müssen Schritt für Schritt geklärt werden. So kann der professionelle Verkäufer den Kunden in die Lage versetzen, die Entscheidung zu treffen. Vision Selling liefert wiederum die Werkzeuge, um diese Aufgabe konsequent und ohne Druck umzusetzen.

Aufgabe 5: Qualifizierte Rückmeldung der relevanten Kundenaussagen reportieren

Die Vertriebsorganisation ist nicht nur Speerspitze, sondern auch die Ohrmuschel des Unternehmens. Diese zweite, ebenso wichtige Funktion wird häufig ignoriert. Damit vergeben sich viele Unternehmen eine Chance zur Innovation und zum Vorsprung vor dem Wettbewerb.

Es geht nicht um Befragungen zur Kundenzufriedenheit. Und auch nicht darum, den Verkäufer „zum Anwalt des Kunden" zu machen. Schließlich hat der Vertrieb in erster Linie die Aufgabe, die Interessen seines Unternehmens zu vertreten. Er tut gut daran, die Interessen des Kunden dabei ebenfalls zu berücksichtigen. Und im Falle eines gelungenen Geschäfts ist ein Interessensgleichheit sehr wahrscheinlich. Aber ein Unternehmen, dessen Vertriebsorganisation die Interessen der Kunden vielleicht sogar gegen die Interessen des eigenen Unternehmens vertritt, steuert dem Untergang entgegen.

Die Betonung in der Aufgabe Nummer 6 – „qualifizierte Rückmeldung der relevanten Kundenaussagen reportieren" – liegt auf den Begriffen „qualifiziert" und „relevant":

- „Qualifiziert" ist eine Rückmeldung dann, wenn das Unternehmen daraus Maßnahmen zur Vergrößerung seiner Marktchancen ableiten kann. „Wir haben wegen des Preises verloren" – das ist unqualifiziert. „Wenn wir unsere Lieferzeit um eine Woche verringert hätten, dann würden wir 2 von 10 Stornos vermeiden" ist dagegen qualifiziert, weil sich daraus eine potenzielle Verbesserung der Marktchancen ableiten lässt.

- „Relevant" ist eine Aussage dann, wenn sie sich auf das oder die Entscheidungsmotive des Kunden beziehungsweise des Interessenten bezieht. Auch hier ein Beispiel: „Der Kunde möchte mehr Farben zur Auswahl, als wir zu bieten haben" ist nicht relevant. „Wenn wir in unseren Verträgen den Bereich Wartung in einen separaten Vertrag auskoppeln, können wir in großen Organisationen schneller Ergebnisse erzielen, weil dann weniger Abteilungen in die Entscheidung einbezogen werden". Diese Aussage hilft, die Entscheidungsmotive oder Hinderungsgründe für eine Entscheidung besser zu verstehen.

Vision Selling hilft dem Unternehmen dabei, relevante Kundenaussagen angemessen zu interpretieren.

 Eine Kurzzusammenfassung der fünf Aufgaben finden Sie für Ihre eigene Arbeit zum Download unter www.visionselling.de (Passwort: GABVIS).

Die Vision des Entscheiders lebendig halten

Wenn Sie die Grundsätze und Aufgaben des Vision Selling beachten und erfüllen, erreichen Sie das übergeordnete Ziel dieses neuen Konzeptes: Bei Ihrem Entscheider die Vision, mit Ihrer Hilfe endlich die beste Lösung für sein Problem zu finden, immer lebendig zu halten.

Wenn Sie die Vision von dem messbaren und wichtigen Nutzen, den die kundenzentrierte Lösung bietet, gemeinsam mit dem Top-Entscheider des Unternehmens entwickeln, minimieren Sie die Gefahr eines Rückziehers. Vielleicht haben Sie es schon einmal erlebt: Sie sitzen beim Kunden zur Vertragsunterschrift. Unerwartet für Sie benennt dieser plötzlich große Zweifel an der Lösung. Obwohl eigentlich schon alles „in trockenen Tüchern" war, beginnt er auf einmal Gründe aufzuzählen, warum die Lösung ihm nun eher ungeeignet oder zu teuer erscheint.

Der Hintergrund des plötzlichen Rückziehers: Jede Investition birgt Risiken. Der Kunde bezahlt Geld und kann nicht sicher sein, dass die Investition den versprochenen Nutzen bringt: Das Entscheidungsflimmern hat eingesetzt! Angesichts des Risikos einer Fehlentscheidung entstehen Zweifel beim Top-Entscheider – und bei Chef-Entscheidungen geht es um beträchtliche Summen. Wenn die Vision deutlich aufgebaut ist, wird das Risiko nur eine kleine Hürde sein, über die der Entscheider – notfalls mit Ihrer Unterstützung – doch noch springen wird. Wenn die Vision allerdings fehlt oder nur schwach ausgeprägt ist, wird die Angst vor einer Fehlentscheidung zu einem unüberwindlichen Hindernis. Konsequenz: Der Kunde zieht sich zurück.

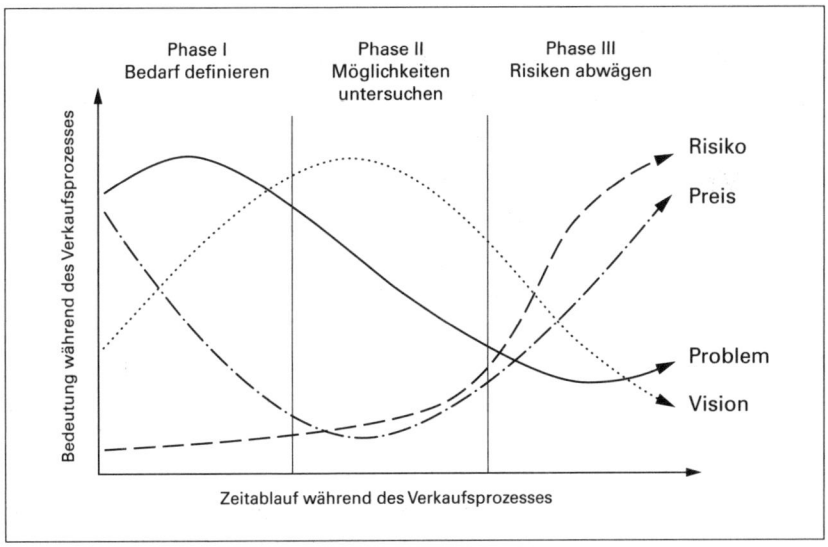

Quelle: nach Michael Bosworth, Solution Selling, 1995

Abb. 1: Entwicklung der Bedeutung von Entscheidungsfaktoren über den Zeitrahmen des Verkaufsprozesses ohne Vision Selling

Die Vision des Entscheiders lebendig halten

Sie sehen: Bestimmte Aspekte haben im Bewusstsein des Kunden unterschiedlich große Bedeutung. Und diese Bedeutung ändert sich im Laufe des Verkaufsprozesses gleich mehrfach:

- Das Risiko, eine Fehlentscheidung zu treffen, wird vom Entscheider in der Anfangsphase kaum berücksichtigt. Das ändert sich, je näher die Vertragsunterzeichnung rückt.

- Der Preis spielt zu Beginn eine große Rolle, weil der Entscheider der Investition noch nicht den Nutzen gegenüber stellen kann. Ersparnisse an anderer Stelle und die langfristige Umsatz- oder Potenzialsteigerung, die durch Ihre Lösung herbeigeführt wird, kann er zu diesem Zeitpunkt noch nicht einschätzen. Die Bedeutung des Preises sinkt dann, wird jedoch unmittelbar vor Abschluss nochmals enorm wichtig.

- Die Bedeutung des Problems und der Vision hingegen nimmt einen ganz anderen Verlauf – die Vision etwa nimmt in der Mitte des Sales-Cycles eine wichtige Rolle ein, verblasst jedoch zum Ende hin. Hier nun dominiert die Befürchtung, ein nur schwer einzuschätzendes Risiko mit unabsehbaren Folgen einzugehen, seinen psychologischen Gefühlshaushalt.

Das Entscheidungsflimmern positiv beeinflussen

Durch den Einsatz von Vision Selling ändern sich die Entwicklungskurven im Ablauf des Verkaufsprozesses dramatisch (siehe Abbildung 2):

- Die Vision etwa erhält durch Ihre Aktivitäten im Bewusstsein des Entscheiders den Stellenwert, der ihr zukommt.

- Gleichzeitig bleibt das Problembewusstsein als „schmerzverstärkende" Komponente aktiv – der Entscheider weiß und spürt auch weiterhin, dass er eine kundenzentrierte Lösung braucht.

- Der Preis und das Risiko spielen zwar auch eine Rolle, übernehmen aber eher den Part von Statisten im Orchester der entscheidungsrelevanten Parameter.

Abbildung 2 verdeutlicht Ihr Ziel: Die schwarze gestrichelte Visions-Linie muss sich in der dritten Phase des Verkaufsprozesses mindestens im oberen Drittel bewegen. Und wenn Sie mit Vision Selling verkaufen, können Sie die Preis- und die Risikokurve jeweils absenken.

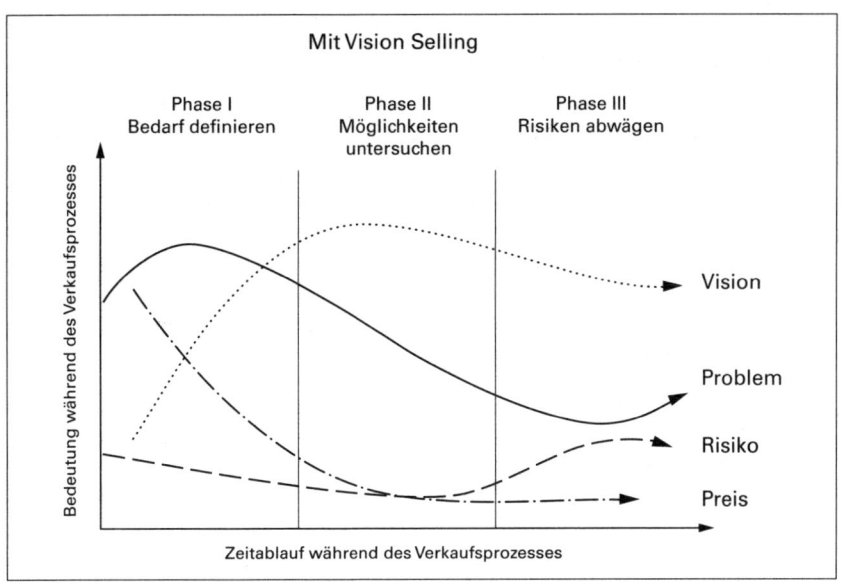

Abb. 2: Entwicklung der Bedeutung von Entscheidungsfaktoren über den Zeitrahmen des Verkaufsprozesses bei Einsatz von Vision Selling

Ihre Aufgabe besteht darin, die Phase der Risikoabschätzung in einem zeitlich engen Rahmen zu halten. Dies schaffen Sie, indem Sie zum Beispiel

- sich vor Absenden des Angebotes vergewissern, dass es für den Kunden annehmbar ist.
- eine kurze Annahmefrist vereinbaren.
- sicher stellen, dass alle Vorbereitungen wie das Abgleichen der Geschäftsbedingungen oder die Klärung der Finanzierung schon vor Abgabe Ihres Angebotes abgeschlossen sind. Je länger das Angebot bei Ihrem Kunden liegt, desto mehr schrumpft die Chance, dass Sie den Auftrag erhalten.

Halten Sie die Vision Ihres Entscheiders – die kundenzentrierte Lösung – so präsent wie möglich, indem Sie sie in der Endphase des Verkaufs kontinuierlich und beharrlich in den Vordergrund rücken und betonen: „Lieber Entscheider, wenn du mit uns arbeitest, dann kannst du den folgenden Nutzen erwarten: ..."

Fazit und Ausblick

Mit Vision Selling bekommen Sie wertvolle Instrumente an die Hand, mit denen Sie noch gezielter und effizienter an Top-Entscheider verkaufen. Sie erfahren, wie Sie dem Entscheider eine kundenzentrierte Lösung anbieten, die ihm hilft, sein eigentliches Kittelbrennproblem richtig zu erkennen und seine Vision von der optimalen Lösung dieses Kittelbrennproblems zu verwirklichen. Damit dies gelingt, müssen Sie Ihre Zielgruppe genau kennen und die Werkzeuge, die das Vision Selling zur Verfügung stellt, angemessen einsetzen. Daraus ergeben sich auch die Inhalte der nächsten Kapitel:

- Zunächst geht es darum, dass Sie mehr über die Persönlichkeit der Top-Entscheider erfahren: „Wie tickt ein (spezieller) Top-Entscheider – und warum tickt er so, wie er tickt?"
- Auswählen: Im dritten Kapitel lernen Sie kreative Wege kennen, die Ihnen das Tor zu „Ihren" Top-Entscheidern öffnen: „Wie finden Sie heraus, welche Entscheider für Sie wichtig sind und wie Sie sie ansprechen sollten?"
- Ansprechen: Jetzt erfolgt Ihr – erster – Auftritt bei den Top-Entscheidern: Sie nehmen Kontakt auf, per Brief, per Telefon: „So bekommen Sie einen Termin beim Entscheider!" – darum geht es im vierten Kapitel.
- Verstehen: Sie lernen mit der VI-SI-ON-Fragetechnik eine zielorientierte Fragetechnik kennen, die Ihnen hilft, alles über die Wünsche, Erwartungen und Ziele des Entscheiders zu erfahren: „Was will Ihr Kunde? Wie sieht seine erfüllte Vision aus?" Fragen sind die Basis des Vision Selling.
- Umsatz generieren: Schließlich geht es im sechsten Kapitel darum, wie Sie den Entscheidungsprozess des Kunden bis zur Auftragserteilung vorantreiben: „Wie realisieren Sie die beste Lösung des Top-Entscheiders, wie lösen Sie den Kaufimpuls aus und halten den Kaufwunsch bis Vertragsunterzeichnung wach?"
- Fehler vermeiden: Dieses Kapitel behandelt die häufigsten Fehler aus der Praxis und gibt konkrete Hilfen, wie Sie diese künftig vermeiden.
- Realisieren: Die Theorie ist nun ausführlich behandelt worden. Jetzt kommt es darauf an, griffige Konzepte zu nutzen, um die Ideen in den gelebten Arbeitsalltag zu überführen. Im letzten Kapitel lesen Sie, wie Sie sich Ihren persönlichen Umsetzungsplan so gestalten, dass er auch zur Realität wird.

2 Die Perspektive des Top-Entscheiders

Was Ihnen dieses Kapitel bietet

Was zeichnet den Top-Entscheider des Unternehmens aus? Top-Entscheider unterscheiden sich in ihren Motiven und ihrer Art oft sehr drastisch von den Personen, mit denen Sie als Verkäufer es ansonsten zu tun haben. Deshalb zeigt dieses Kapitel, woran die Machthaber im Unternehmen denken – und woran Sie sie erkennen. Zugleich möchte ich Sie für die für Sie wichtigen Entscheider sensibilisieren und Sie unterstützen, sich auf sie einzustellen.

An wen werden Sie verkaufen?

Bottom-up lässt sich viel schwerer verkaufen als top-down. Klar, je weiter unten in der Hierarchie eines Unternehmens sich der Ansprechpartner eines Verkäufers befindet, desto leichter ist er zugänglich und desto netter wird er womöglich mit ihm umgehen. Aber ob überhaupt von da ein Weg nach oben bis zur eigentlich Kaufentscheidung durch einen Machthaber im Unternehmen besteht, ist fraglich. Und selbst wenn: Setzt die Akquisition zu weit unten in der Kundenorganisation an, wird der Sales-Cycle unnötig um mindestens 30 Prozent verlängert. An die Tops ist schwerer ranzukommen – wie das geht, zeigt Ihnen Vision Selling –, aber wenn Sie diese zu einer Entscheidung führen können, wird nach unten durchgesetzt. Punkt.

Nicht jeder, der an ein Dax-30-Unternehmen verkaufen will, muss immer mit dem Vorstandsvorsitzenden Kontakt aufnehmen. In vielen Fällen wird es ausreichen, wenn Sie eine oder zwei Ebenen darunter verkaufen. Dabei gilt: Lieber zu hoch als zu niedrig ansetzen! Dazu müssen Sie aber wissen, wer was in Ihrem künftigen Kundenunternehmen entscheiden kann! In einem mittelständischen Kundenunternehmen mit flachen Hierarchien wird es vielleicht keine zwei Ebenen unter der Geschäftsführung geben, die wirklich über Budgets entscheiden können. Also müssen Sie an die Top-Etage. Egal auf welcher Ebene, suchen Sie die Entscheider! Und passen Sie auf, dass Sie nicht an „Schein-Entscheider" geraten, das sind „Dead Ends". Es gibt viele verschiedene Methoden, um die Rollen der unterschiedlichen Personen auf der Kundenseite zu benennen. Im Vision Selling unterscheiden wir vier Rollen:

- der Abzeichner,
- der Entscheider,
- der Beeinflusser und
- der Empfehler.

 Die Beschreibungen der vier Rollen und ihrer Inhaber finden Sie für Ihre eigene Arbeit online zum Download unter www.visionselling.de.

Die vier Rollen entsprechen in der Regel der Hierarchie der Kunden, wenn dies auch nicht immer zwingend der Fall sein muss. Natürlich gilt: Rollenmodelle vereinfachen. Und damit bergen sie die Gefahr der unzulässigen Verallgemeinerung: Beurteilungen auf der Grundlage eines Modells verfestigen sich schnell zu Etiketten; es entstehen „Schubladen", in die man Menschen einsortiert. Wer ein Rollenmodell nutzt, wird sich nie auf dieses allein verlassen. Solange Sie sich der Tatsache bewusst bleiben, dass das Rollenmodell nicht die Landschaft „Mensch" selbst abbildet, sondern eine Landkarte, ein abstrahierendes Bild der Wirklichkeit darstellt, können Sie sie für Ihre Zwecke nutzen. Denn Rollenmodelle können Sie dabei unterstützen, Menschen zu charakterisieren. Nähern wir uns den vier Rollen im hierarchischen Aufbau von unten.

Der Empfehler: wichtige Informationsquelle

Der Empfehler
- spricht (Kauf-)Empfehlungen aus (die jedoch auch ignoriert werden können).
- kennt sich „an der Basis" aus, weiß jedoch wenig über die Denkweise der Führung.
- liefert dem Verkäufer Hinweise zu Problemen in der Organisation.
- will seine Arbeitsumgebung verbessern.

Der größte Fehler, der Verkäufern immer wieder im Umgang mit dem Empfehler unterläuft: Sie versuchen, ihm etwas zu verkaufen. Das ist verständlich, weil der Empfehler sehr gerne mit uns über unsere Fachthemen spricht und tendenziell die Benutzung dessen, was wir verkaufen wollen, unterstützt. Der Name sagt es schon: Er empfiehlt uns gerne weiter. Weil die Gespräche mit dem Empfehler so „gut laufen", ist die Versuchung denn auch groß, es bei diesen Gesprächen zu belassen. Allerdings: Eine Person, die letztendlich darüber entscheidet, ob unsere Problemlösung gekauft wird, ist damit noch nicht überzeugt.

Bitte nichts verkaufen!

Es ist daher wesentlich ratsamer, den guten Verlauf der Gespräche mit dem Empfehler zu nutzen, um alles Wesentliche über die Entscheidungswege und Hintergrundinformationen im Unternehmen des Kunden zu erfahren. Also:

- Verbringen Sie möglichst wenig Zeit damit, dem Empfehler etwas zu verkaufen, vorzustellen oder umfassend zu präsentieren.

Denn er wird nichts kaufen! Sie mögen hoffen, dass er Sie oder Ihr Angebot positiv empfiehlt. Aber Sie wissen in der Regel nichts über die Reputation des Empfehlers in der Unternehmensspitze. Womöglich ist er bekannt als Luftikus, der nur absurde Ideen hat. Wollen Sie in diesem Fall von ihm empfohlen werden? Stattdessen sollten Sie ihn als Informationsquelle nutzen und fragen:

- „Wenn Ihre Geschäftsleitung eine Ansprache hält: Welche zentralen Punkte werden dann immer wieder angesprochen?"
- „Gab es in den letzten Monaten ein Projekt, das ziemlich misslungen ist? Wer war dafür verantwortlich?"
- „Wer aus Ihrem Hause hat zuletzt ein Projekt dieser Art erfolgreich zu Ende gebracht?"

> **Tipp aus der Praxis**
>
> Empfehler sind eine wichtige Informationsquelle für Sie. Verschwenden Sie hier nicht Ihre Energie mit Argumenten! Nutzen Sie den Small Talk, um nutzenrelevante Informationen über das Kundenunternehmen zu erfragen.

Der Beeinflusser: informieren statt selbst beeinflussen

Beeinflusser sind bei vielen Verkäufern eher unbeliebt, denn sie erweisen sich oft als unzugänglich und betont zurückhaltend. Der Beeinflusser will unabhängig sein, und deshalb verhält er sich distanziert. So funktioniert das alte Standard-Rezept aus der Verkäuferschule, eine gute Beziehung aufzubauen, hier oft nicht. Wir empfehlen, dem Beeinflusser nichts zu verkaufen, sondern ihn wertfrei und vollständig zu informieren.

> **Der Beeinflusser**
>
> - will sich neutral, korrekt und „richtig" verhalten und dafür Anerkennung sammeln.
> - ist Neuem gegenüber kritisch eingestellt.
> - tendiert dazu, die Nachteile zu betonen und Argumente zu entkräften.
> - reagiert negativ, wenn er sich beeinflusst oder manipuliert fühlt.

Ein Beispiel dazu: Sicher kennen Sie diese Automobil-Hochglanzmagazine, in denen Testberichte erscheinen, die unterschiedliche Modelle vergleichen. Stellen Sie sich vor, Sie müssten sich gerade für ein neues Modell als Dienstwagen entscheiden. Nehmen wir an, Sie liebäugeln mit Modell „A". Nun lesen Sie einen dieser Tests, und darin landet Ihr Modell „A" mit 481 Punkten auf dem dritten Platz, hinter Modell „B" mit 487 und Modell „D" mit 493 Punkten.

Der verantwortliche Redakteur des Automagazins ist vergleichbar mit der Rolle des Beeinflussers. Er selbst muss möglichst unbeeinflusst und neutral arbeiten. Jeden Versuch, sein Testergebnis zu beeinflussen, wird er – so das ideale journalistische Selbstverständnis – verurteilen. Er ist daran interessiert, „revisionssicher" eine Rangliste so zu erstellen, dass ihm später niemand vorwerfen kann, selbst beeinflusst worden zu sein.

Allerdings: Sie sind der Entscheider! Jetzt kommt es darauf an, wie viel Glaubwürdigkeit und Gewicht der Entscheider dem Beeinflusser zugesteht. Im Ernst: Sie kämen wohl kaum zu dem Schluss, nun Ihre persönliche Wahl auf das Modell „D" abzuändern. Eher werden Sie den Text zum Test genauer lesen und die Punkte suchen, die den Punktverlust bei Ihrem Favoriten zur Folge hatten. Und es ist sehr wahrscheinlich, dass Sie dennoch weiterhin zu Ihrer Wahl stehen, weil Sie andere Aspekte wichtiger bewerten werden als der Beeinflusser. Ihre Gewichtung der Kriterien und Ihre Voreinstellung sind Ihnen womöglich wichtiger als die des Beeinflussers. Und genauso ist es im Unternehmen. Setzen Sie daher nicht auf den Beeinflusser, wenn Sie dem Top-Entscheider etwas verkaufen wollen.

Tipp aus der Praxis

Beeinflusser können Sie nur durch gute und transparente Information auf Ihre Seite ziehen. Leicht bringen Sie diesen Typus gegen sich auf, wenn Sie ihn „instrumentalisieren" wollen, denn der Beeinflusser identifiziert sich mit seinem Unternehmen, seinem Job, mindestens aber seiner Rolle so, dass er sich als die kritische Stimme versteht und erstmal Contra geben wird.

Der Entscheider: entscheidend auch für Ihren Erfolg

Nun sind wir beim Entscheider auf Top-Ebene angelangt. Seine Eigenschaften lassen sich wie folgt beschreiben:

Der Entscheider

- kann sich *für* eine Alternative entscheiden.
- will Anerkennung für eine gelungene Initiative.
- will das Ergebnis der Investition genießen.
- ist tendenziell angstfrei und bereit, ein Risiko einzugehen, wenn es vielversprechend ist.

Das ist natürlich Ihr wichtigster Ansprechpartner. Wenn Sie nur eine Person im Kundenunternehmen sprechen können, wollen oder dürfen, dann sprechen Sie mit dem Entscheider! Diese Person ist die Schlüsselperson für Ihre Vertriebsarbeit. Alle anderen sind ebenfalls wichtig, aber eben nicht entscheidend! Und größere Investitionen sind zumeist von vornherein nur mit dem Entscheider unterschriftsreif zu verhandeln und zu besprechen.

Stellen Sie Ihre Leiter an die richtige Mauer

„Ja", werden Sie vielleicht einwenden, „ich habe aber auch schon Geschäfte abgeschlossen, ohne mit dem Entscheider auch nur einmal gesprochen zu haben". Dagegen ist nichts zu sagen. Ich bin allerdings der Meinung, dass die Grundlage für den Erfolg hier in erster Linie Ihr Glück war. Wenn Sie sich nicht auf Ihr Glück verlassen wollen, dann müssen Sie den Entscheider kennen, seine Denkweise verstehen, seine wichtigen Probleme kennen und die erwarteten Auswirkungen dieser Probleme und der passenden Lösungen auf seinen Geschäftserfolg nachvollziehen können. Der Entscheider genießt mithin Ihr zentrales Interesse. Er ist die Mauer, an die Sie Ihre Leiter lehnen, wenn Sie die Burg stürmen wollen. Viele stürmen nach oben und stellen dann fest, dass die Leiter leider an der falschen Mauer stand und sie nur den Spielplatz erobert haben. Zeit vertan, Kraft vertan, von vorne angefangen.

Beeinflusser statt Entscheider: fatale Folgen

Kennen Sie diese Situation?

- Sie arbeiten seit einiger Zeit an einem größeren Abschluss. Sie haben einen Gesprächspartner, der von sich behauptet, er sei der Entscheider: „Sie sind nicht der einzige Anbieter, mit dem wir verhandeln, aber Sie liegen klar vorne."

- Dann kommt der Entscheidungstag. Ihr Ansprechpartner sagt: „Die Sache kommt heute zur Vorlage in der Geschäftsleitungssitzung. Ich informiere Sie am Montag über das Ergebnis."

- Am Montag hören Sie: „Die Geschäftsleitung hat sich für einen anderen Anbieter entschieden. Ich verstehe das nicht, wo Sie doch so klar vorne lagen …"

Solche Situationen werden oft als politische Entscheidungen bezeichnet. Das Motto: „Ich (der Verkäufer) habe alles richtig gemacht, nur der Kunde hat sich falsch entschieden." Viele Verkäufer orakeln dann von so genannten „Golfplatz-Entscheidungen". Der Vorteil: Damit schieben sie ihre Mitverantwortung an dem gescheiterten Geschäft von sich. Nüchtern betrachtet ist das jedoch gar keine politische Entscheidung, sondern eben einfach eine Entscheidung, die nicht von der Person gefällt worden ist, mit der der Verkäufer verhandelt hat, an die er verkaufen wollte. Der Verkäufer dachte, dass er die ganze Zeit mit dem Entscheider gesprochen und verhandelt hat. In Wahrheit jedoch hat er nur mit dem Beeinflusser zu tun gehabt.

Das passiert oft und vielen Verkäufern. Denn wenn Sie einem Beeinflusser die Frage stellen: „Wer entscheidet in dieser Sache?", dann wird er meist antworten: „Ich!" Das ist kein böser Wille, er glaubt es wirklich. Schließlich hat sein Chef ihn damit beauftragt herauszufinden, wer der beste Anbieter ist. Daraus hat er geschlossen, er sei es, der entscheidet. Aber in Wirklichkeit hat er nur eine Vorlage zur Entscheidung geliefert – und kennt eben nicht die Gewichtungen und persönlichen Motive des Top-Entscheiders. Der Leidtragende jedoch ist der Verkäufer – aber aus eigenem Verschulden.

Tipp aus der Praxis

Täuschen Sie sich nicht selbst, wenn Sie behaupten, der Kunde hätte eine „politische Entscheidung" getroffen. Häufiger ist dies ein Hinweis darauf, dass Sie sich mit den falschen Gesprächspartnern abgegeben haben. Deshalb zur Sicherheit früh nachfragen: „Und wer unterschreibt nach Ihnen?"

Der Abzeichner: Veto verhindern

Kommen wir zur Spitze der Pyramide – dort hält sich der Abzeichner auf.

Der Abzeichner

- hat Veto-Macht.
- interessiert sich für die Erfüllung seiner Vision.
- will den Wert des Unternehmens nachhaltig steigern.
- denkt strategisch: „Wie stellen wir uns auf?"

Unter Umständen muss der Entscheider seine Entscheidungen noch bestätigen lassen. Dazu sind in Praxis unterschiedliche Gremien installiert: Der Abzeichner existiert also nicht immer als „eigenständige Person" im Unternehmen. In größeren Unternehmen ist dies etwa ein Aufsichtsgremium, das die Handlungsweise der Entscheider aus Geschäftsleitung und Vorstand überwacht. Es könnte sich auch um ein juristisches Aufsichtskomitee oder schlicht einen Betriebsrat handeln. Aus Sicht des Verkäufers ist es wichtig zu wissen, ob es wesentliche und übergeordnete Gründe geben könnte, ein Veto gegen die Entscheidung seines Ansprechpartners einzulegen.

Leider ist es selten möglich, die Abzeichner im Laufe des Verkaufsprojekts zum Thema anzusprechen, weil sie sich erst damit beschäftigen, wenn die Entscheidung des Top-Entscheiders bereits getroffen ist. Natürlich ist es hilfreich, wenn der Verkäufer oder andere Personen in seinem Unternehmen Beziehungen zu den Abzeichnern beim Kunden unterhalten. Dann könnte man diese Kontakte nutzen, um zu erfahren, welche Gründe für ein Veto eventuell vorliegen.

Wenn also solche Kontakte bestehen, dann nutzen Sie sie natürlich. Wenn nicht, ist es nach meiner Erfahrung selten möglich, sie im Vorfeld der Entscheidung noch aufzubauen – und zudem ist das auch nicht ratsam. Denn schnell entsteht auf Seiten der Abzeichner der Eindruck, die Kontaktanbahnung geschehe allein um der Beeinflussung willen.

Verschiedene Rollen – verschiedene Themen

Wichtig für Sie ist es, sich auf die Entscheider zu konzentrieren. Aber natürlich werden Sie auch mit Empfehlern, Beeinflussern und vielleicht sogar mit Abzeichnern kommunizieren. Welche Gesprächsthemen sind dann jeweils die richtigen?

- *Abzeichner:* Wenn Sie die Gelegenheit bekommen, mit Personen dieser Hierarchiestufe zu sprechen, dann konzentrieren Sie sich darauf, Werte zu verankern. Der Abzeichner will sicherstellen, dass die Entscheidung des Entscheiders nicht nachträglich als unsinnig oder überprüfenswert angesehen werden kann. Im Gespräch mit ihm sollten Sie daher darauf achten, dass Sie einerseits seine Wertvorstellungen kennen lernen und zum anderen klarstellen, dass Ihre Ziele im Einklang mit diesen Wertvorstellungen stehen.

- *Entscheider:* Mit Ihrem zentralen Ansprechpartner verbindet Sie vor allem ein Gesprächsthema und ein Ziel: den Abschluss vorantreiben. Entscheider wollen – und müssen – entscheiden. Natürlich werden wir uns noch intensiv damit beschäftigen, wie Sie den Entscheider für sich einnehmen.

- *Beeinflusser:* Es kommt darauf an, ihn wertfrei und vollständig zu informieren und mit Fakten zu versorgen. Allerdings: Machen Sie nicht den Fehler, Überzeugungsarbeit zu leisten. Denn der Beeinflusser hasst jeden Anschein von Manipulation und Beeinflussung.

- *Empfehler:* Er spricht gerne mit Ihnen. Nutzen Sie diese Gesprächsbereitschaft, um die Kundensituation restlos aufzuklären. Verzichten Sie auf jedes Verkaufsgespräch – der Empfehler kauft nichts.

Zusatzrolle: interner Verkäufer?

Manche Verkäufer oder Verkaufstrainer meinen noch eine weitere Rolle in Kundenunternehmen identifiziert zu haben: den „Coach, den man sich im Unternehmen aufbauen müsse". Ich halte das für überholt. Manche Vertriebsstrategien zielen dahin, einen „internen Verkäufer" zu schaffen. So sagen Verkäufer, dass sie mit diesem „Coach" einen Freund im Kundenunternehmen haben, der die Investition „für sie verkauft". Auf die Frage, welche Funktion dieser Coach als Person im Unternehmen hat, kommt dann z. B. „Produktionsleiter". Ich behaupte, wenn der Produktionsleiter gut verkaufen könnte, dann wäre er sicher Verkäufer geworden und eben sicher nicht Produktionschef!

Verabschieden Sie sich bitte von der Idee, dass irgendjemand für Sie verkauft. Das müssen Sie schon selbst tun. Es ist sicher ein Grund zur Freude, wenn es einzelne Individuen im Kundenunternehmen gibt, die den Abschluss aktiv unterstützen. Aber es ist kaum sinnvoll, sich darauf zu verlassen oder gar einen Vertriebsprozess darauf zu gründen. Das wird auf jeden Fall die große Ausnahme bleiben.

Lernen Sie Ihre Top-Entscheider besser kennen

Wie haben Sie bisher Ihre Gesprächspartner differenziert? Haben Sie vielleicht das oben beschriebene Rollenmodell genutzt? Oder eine andere Typologie? Oder haben Sie sich bisher wenig Gedanken darüber gemacht, ob Ihr Gesprächspartner wirklich derjenige ist, der die Entscheidung darüber fällt, ob Ihr Angebot angenommen wird oder nicht? Wenn es so wäre, stünden Sie mit dieser Einstellung nicht alleine da! Die Erfahrung zeigt, dass gerade im Vertrieb oft an alten „Vertriebsweisheiten", an Ritualen und Gewohnheiten festgehalten wird. Und früher mögen die ja auch mal funktioniert haben. Aber jetzt ist die Zeit des schneller – besser – smarter. Survival of the fittest!

Grundsätze und Verhaltensweisen der Top-Entscheider

Überlegen Sie, wie Sie bisher in Ihren Verkaufskontakten vorgegangen sind und ob Änderungen notwendig sind. Ziel ist, dass Sie die für Ihren Umsatzerfolg relevanten Top-Entscheider besser identifizieren können und sich für diese spezielle Zielgruppe sensibilisieren. Dabei hilft Ihnen die Beachtung der folgenden Grundsätze weiter, die nach meiner Erfahrung bei den meisten wichtigen Entscheidern im Business zu beobachten sind:

- Eines wissen Sie bereits: Der Entscheider will eine kundenzentrierte Lösung, die sein brennendstes Problem löst. Das ist der Grundsatz, das ist das Ziel, das ihn umtreibt. Außerdem zeichnen sich viele Top-Entscheider durch die folgenden Überzeugungen aus:
- Alles ändert sich ständig, alles ist im Fluss, Leben ist Veränderung.
- Ein gut gemachter Prozess wird immer das erwünschte Ergebnis bewirken.
- Wichtig ist mir: Was trägt dieser Verkäufer, also mein Gesprächspartner, dazu bei, dass ich – der Top-Entscheider – Erfolg habe und meine Machtbasis im Unternehmen verbreitere und stärke?
- Ich bin wie ein Adler. Ich will mich immer an die Spitze setzen.
- Ich bin hier der Platzhirsch – ich bestimme die Gesprächsthemen und „wo es lang geht"!

Typische Verhaltensweisen eines Top-Entscheiders sind:

- Er beschäftigt sich so gut wie immer und ausschließlich mit den „großen und wichtigen Fragen".
- Er sitzt am Steuer, nicht auf dem Beifahrersitz.
- Er will immer gewinnen.
- Er entscheidet stets zwischen Alternativen – und nie unter Zwang.
- Er ist, denkt und handelt direkt und präzise.
- Er ist bestrebt, Niederlagen zu verhindern oder zumindest die Folgen in engen Grenzen zu halten.
- Er verlangt absolute Integrität von seinen Geschäftspartnern.
- Er strebt nach Zuverlässigkeit und Sicherheit.
- Er ist von seiner charismatischen Wirkung überzeugt.

Tipp aus der Praxis

Der Top-Entscheider ist zumeist an vier Themen interessiert:

1. Umsatzsteigerung durch neue Kunden, Ausbau bestehender Kundenbeziehungen, neue Geschäftsfelder, Zusatzleistungen.
2. Verbesserte Prozesse durch Effektivitäts- und Effizienzsteigerung.
3. Kundenzufriedenheit – mit dem Ziel, die Kundenloyalität zu verstärken und Marktanteile zu verteidigen sowie neue zu gewinnen.
4. Vermeiden überflüssiger Kosten.

Entscheider betrachten Sie unter dem Aspekt des Nutzens für sich selbst

Die beschriebenen Grundsätze und Verhaltensweisen des typischen Entscheiders führen dazu, dass er an Sie als seinen Gesprächs- und Verhandlungspartner bestimmte Erwartungen stellt. So fragt er sich, welchen Nutzen eine Zusammenarbeit mit Ihnen und Ihrem Unternehmen für ihn hat. Er ist an Resultaten und Ergebnissen interessiert, die ihm helfen, seine Vision von der bestmöglichen Lösung seines Kittelbrennfaktors zu realisieren. Und darum stellt er sich die Frage, wie seine Organisation durch Sie schneller werden kann, wie seine Position durch Sie gestärkt werden kann und wie er Ihre Ressourcen zu seinem Erfolg wird einsetzen können.

Das heißt: Er will ganz genau wissen, welchen Beitrag Sie dabei leisten, dass er seine Geschäftsziele erreicht. Und zwar diejenigen, die er sich selbst gesetzt hat, aber auch diejenigen, die ihm von „noch weiter oben", vom Markt oder dem vielzitierten Shareholder Value, also den Analysten- und Kurserwartungen, vorgegeben werden. Denn so sichert und stabilisiert er seine Machtposition im Unternehmen. Und darum fragt er zudem:

- Was trägt die Leistung Ihres Unternehmens zur Wertschöpfung im Unternehmen des Top-Entscheiders bei?
- Was kann Ihre Organisation dazu beitragen, dass seine Organisation sich auf seine Stärken konzentrieren kann? Wie trägt Ihr Unternehmen zu seinem Ausbau von Marktanteil oder zum internationalen Erfolg bei?

- Welche heutigen oder für die Zukunft erwarteten Kosten seiner Organisation können durch die Zusammenarbeit mit Ihnen vermieden oder gesenkt werden?
- Wie können Sie beweisen, dass er sich auf Sie verlassen und Ihnen vertrauen kann?

Lernen Sie seine Entscheidungsparameter kennen

Sie sind insbesondere abhängig von den Entscheidungen, die der Machtinhaber in der Plüschetage fällt. Darum sollten Sie wissen, welche relevanten Parameter er bei seiner Entscheidung bedenkt:

1. **Finanzieller Werteabgleich**
    - Wie viel Kapital wird gebunden?
    - Wie groß ist das Risiko in Euro?
    - Welche anderen finanziellen und sonstigen Ressourcen könnten betroffen sein?

2. **Zeitlicher Abgleich**
    - Wie lange wird es dauern, bis der Return of Investment eintritt?
    - Auf was müssen wir in der Zwischenzeit verzichten?
    - Gibt es Hindernisse im Zeitplan?
    - Was kostet die Beseitigung dieser Hindernisse?

3. **Alternativenabgleich**
    - Auf welche Leistung muss ich während der Implementierung verzichten?
    - Werden wir während der ersten Phase Geschäftsvolumen verlieren?
    - Welche anderen Auswirkungen wird es in meinem Wirkungsbereich geben?

4. **Politischer Abgleich**
    - Wen trete ich mit dieser Entscheidung zu nahe, wenn behindere ich dadurch wie?
    - Wem gegenüber bin ich Rechenschaft schuldig?
    - Welche Auswirkungen auf meine Karriere muss ich bedenken?
    - Wer wird mich unterstützen?

Wie ticken *Ihre* Top-Entscheider?

Unabhängig vom individuellen Einzelfall sind diese Entscheidungsparameter und Überlegungen eigentlich allen Machtinhabern im Unternehmen gemein. Denn sonst wären sie nicht dahin gekommen, wo sie heute sind – und jedenfalls könnten sie sich nicht lange halten. „Entscheidungen haben sich nicht mehr nach vorhandenen Mitteln zu richten, sondern die Mittel werden durch Entscheidungen geschaffen", dieser Satz des ehemaligen UN-Generalsekretärs Thant trifft in besonderer Weise auf die Kauf-Entscheidungen der Machthaber im Unternehmen zu. Bildet das Angebot die Vision ab und unterstützt es sie, wird das Entscheidungsflimmern bzgl. Preis und Zukunftssicherheit weitestgehend ausgeblendet: die Entscheidung ist die normative Kraft, die die Basis ihrer folgenden Umsetzung selbst schafft.

Versuchen Sie, diese Beschreibung auf die Entscheider anzuwenden, mit denen Sie es zu tun haben. Wie ticken Ihre Top-Entscheider? Wenn Sie das für jeden einzelnen Top-Entscheider, der über Ihren Umsatz „richten" wird, erkennen können, erhalten Sie das Instrumentarium, die Argumente, um ihn oder sie zur Entscheidung zu führen. Ihre Aufgabe wird es immer sein, den Machtinhaber auf seinem Weg zur Entscheidung zu begleiten.

Vielleicht aber auch sind Sie der Ansicht, dass Ihre Kunden ganz anders als diejenigen agieren, die bisher beschrieben worden sind. Nehmen Sie sich die Zeit und machen Sie die folgende Übung, um sich selbst Sicherheit darüber zu verschaffen, wie die Menschen „ticken", die über Ihre Umsatzerfolge entscheiden.

Übung:
Wie sind Sie bisher mit Top-Entscheidern umgegangen?

1. Rufen Sie die Unterlagen zu Ihren fünf wichtigsten Kunden auf. Legen Sie fest, welche der Gesprächspartner zu den vier Rollenträgen zu zählen sind: Empfehler, Beeinflusser, Entscheider, Abzeichner?

2. Wie sind Sie mit diesen Menschen umgegangen? Haben Sie sie jeweils ihren Rollen angemessen behandelt? Oder etwa mit einem Empfehler wie mit einem Entscheider verhandelt?

3. Haben Sie überhaupt mit dem richtigen Menschen verhandelt? Also mit den Entscheidern?

4. Hätte Ihnen das Wissen um jene vier Rollenträger geholfen, zielgruppenspezifischer vorzugehen? Also den Entscheider zu identifizieren

und mit den vier Rollenträgern so zu sprechen und umzugehen, wie es Ihren Funktionen entspricht?

5. Beschäftigen Sie sich nun intensiv mit Ihren Top-Entscheidern, die zu identifizieren Sie in der Lage sein sollten – die Beschreibungen in diesem Kapitel sollen Sie dabei unterstützen:
   - Wie ticken die Entscheider, die Ihnen in jenen fünf Geschäftsbeziehungen begegnet sind?
   - Welche Grundsätze und Entscheidungsparameter waren und sind für ihre Denk- und Handlungsweise bestimmend?

Diese Übung finden Sie für Ihre eigene Arbeit online zum Download unter www.visionselling.de (Passwort: GABVIS).

Praxisbeispiel: Was den Top-Entscheider wirklich interessiert

Bevor wir uns mit den Vision-Selling-Werkzeugen beschäftigen, veranschaulicht die folgende authentische Begebenheit, worauf es den Top-Entscheidern wirklich ankommt. Zugleich zeigt sie, wie wichtig es ist, möglichst sofort mit den Chefs an der Spitze ins Gespräch zu kommen.

Einer meiner Mitarbeiter wollte eine große Privatkundenbank als Kunden für unsere Software zur unternehmensweiten Projektsteuerung gewinnen. Zunächst beschäftigte er sich eingehend mit dem Kunden. So wurde er sogar Kunde bei dieser Bank, um noch mehr Know-how anzusammeln und sich in die Welt der Entscheidungsträger zu versetzen. Dabei fand er heraus: In dem (seinerzeit) aktuellen Geschäftsbericht stand sinngemäß, dass alle Privatkunden vom nächsten Jahreswechsel an auch die Funktionalität eines Aktien-Depots würden nutzen können. Da mein Mitarbeiter ja selbst Kunde war, stellte er im Januar des folgenden Jahres fest, dass diese Ankündigung nicht eingetreten war. Ende Januar schrieb er dem Vorstand einen Brief, in dem er auf die Fehlinformation in dem Geschäftsbericht aufmerksam machte. Zudem fragte er an, wie der Herr Vorstand angesichts jener Fehlinformation erreichen wolle, dass seine Ankündigungen im nächsten Geschäftsbericht ernst genommen würden. Er wies darauf hin, in ähnlichen Fällen eine Lösung für dieses Problem gefunden zu haben.

Nun werden Sie vielleicht einwenden, dass es reichlich ungehörig, ja geradezu frech sei, sich einem Top-Entscheider auf diese Weise zu nähern. Doch wer an die Entscheider herankommen will, darf nicht ängstlich sein – im Gegenteil: Sie müssen das Selbstbewusstsein haben, dem Machthaber im Unternehmen auf Augenhöhe begegnen zu können. Und das können Sie, weil Sie für sein brennendstes Problem eine Lösung haben.

> **Tipp aus der Praxis**
>
> Machen Sie sich bewusst, dass Sie nicht als Bittsteller in das Gespräch mit dem Entscheider gehen. Schließlich haben Sie etwas anzubieten, das auf mittlere Sicht mehr wert ist als der Preis, den Sie fordern. Sie haben also allen Grund, auf Augenhöhe zu verhandeln.

Damals siegte schließlich die „Frechheit": Das Ergebnis war eine Einladung zu einem Gespräch. Es ging darum, für eine Investitionssumme von – damals noch – rund 2,5 Millionen Mark zu erreichen, dass künftig alle Aussagen des Vorstands auf den konkreten Fakten der konsolidierten Meinung aller direkt beteiligter Mitarbeiter beruhen würden – statt durch diverse Hierarchien verfälscht, weil dem jeweiligen Vorgesetzten „zu pass" berichtet wird. Und dass wir bis Juni einen Zustand herstellen können, der es dem Vorstand erlauben würde, auf der nächsten Hauptversammlung zu sagen: „Wir haben 2,5 Millionen investiert, um künftig sicher zu stellen, dass die Ankündigungen wichtiger Erweiterungen des Leistungsumfangs zu 100 Prozent terminsicher sind."

Nach einem der zahlreichen Gespräche meines Mitarbeiters und mir mit dem Vorstand passierte dann Folgendes – der Vorstand fragte uns im Vorzimmer mehr oder weniger „nebenbei": „Ach, was ich noch fragen wollte: Was Sie uns da anbieten wollen, ist das primär Beratung oder eine Applikation?" Das heißt: Es war prinzipiell uninteressant für ihn, WAS wir anzubieten hatten. Interessant war, dass der erwünschte Effekt eintrat, sein Problem gelöst wurde, er im Geschäftsbericht nicht mehr – wenn auch unbewusst – die Unwahrheit verlautbaren ließ, er sich auf der Hauptversammlung in ein gutes Licht stellen und seine Machtbasis vielleicht sogar verbreitern konnte.

> **Fazit und Ausblick**
>
> Je mehr Sie über Ihre Top-Entscheider wissen und je besser Sie einschätzen können, was sie umtreibt und ihr Handeln beeinflusst, desto zielgenauer können Sie die Werkzeuge des Vision Selling einsetzen. Kümmern wir uns daher im nächsten Kapitel um diejenige Schublade im Vision-Selling-Werkzeugkasten, die die Aufschrift „Auswählen" trägt.

3 Auswählen: Bereiten Sie die Kundenansprache sinnvoll vor

Was Ihnen dieses Kapitel bietet

Nicht jedes Unternehmen da draußen kann Ihr Kundenunternehmen sein. Nicht jedes Unternehmen da draußen wird Ihr Kundenunternehmen sein. Nicht jedes Unternehmen da draußen soll Ihr Kundenunternehmen sein. Es kommt darauf an, dass Sie die Unternehmen mit dem größten Hebel für Ihr Unternehmen als Kunden finden. Welchen Unternehmen und Entscheidern können Sie eine kundenzentrierte Lösung bieten? Welches Unternehmen ist „der Topf, auf den Ihr Deckel passt"? Wer sind die richtigen oder die perfekten Kunden, deren Bedürfnisse exakt zu den kundenzentrierten Problemen passen, die *Sie* lösen können? Um dies herauszufinden, müssen Sie analysieren, in welchem Business Sie tätig sind und welche Bedürfnisse Sie durch Ihre Leistungen befriedigen oder welche Probleme Sie mit Ihrer Kernkompetenz lösen können.

In diesem Kapitel stellen Sie fest, wer Ihre perfekten Kunden sind und welche ihrer Probleme Sie und nur Sie lösen können. Ihre wichtigsten Instrumente: das Wunschkundenprofil und die Problemtabelle.

Wer ist Ihr Kunde?
– Erstellen Sie Ihr Wunschkundenprofil

Gestatten Sie einen Ausflug in die Zoologie: Löwen jagen seit vielen Millionen von Jahren und haben in dieser Zeit ein sehr funktionales Beuteschema entwickelt. Soweit bekannt ist, jagen Löwen keine Erdhörnchen. Es ist zu vermuten, dass das Verhältnis zwischen Fell und Fleisch bei dieser Beute einfach zu ungünstig ist. Löwen jagen in der Regel auch keine Elefanten, weil sie wissen, dass es zu lange dauern würde, sie zu Fall zu bringen. Bis dahin wäre ein großer Teil des Rudels wohl schon verhungert.

Das heißt: Löwen verschwenden keine Kraft, um wenig aussichtsreiche Jagden zu beginnen. Löwen jagen Rudeltiere wie Zebras, Antilopen oder Gnus, weil sie instinktiv oder aus Erfahrungslehre wissen, dass diese Tiere am besten zu ihren Jagdfähigkeiten passen.

What business are you really in?

Im Geschäftsleben ist es anders. Es sei denn, Sie gehören zu den „Instinkt-Verkäufern", denen das Bauchgefühl mit hundertprozentiger Sicherheit sagt, wer ihr perfekter Kunde ist. Alle anderen müssen sich der Mühsal unterziehen, ein Wunschkundenprofil zu entwerfen. Ihr Beuteschema ist Ihr Wunschkundenprofil.

Erstaunlicherweise verfügen nur wenige Unternehmen über ein Wunschkundenprofil. Der Management-Experte Peter F. Drucker hat einmal gesagt, dass viele der Unternehmen, die er beraten hat, deshalb in die Krise geraten seien, weil sie die Frage „What business are we really in?" – „was ist unser eigentliches Geschäftsfeld" – nicht beantworten konnten. Wer seinen Wunschkunden exakt beschreiben will, muss natürlich zunächst die eigene Positionierung richtig kennen. Hier fängt bei vielen Unternehmen das große Stottern schon an: Wofür sind wir eigentlich Experte? Welche Probleme auf Kundenseite können wir sehr gut lösen – sogar besser als das ein Wettbewerber kann? Wo – in welchem Marktsegment – werden wir in den nächsten fünf bzw. zehn Jahren das meiste Geld verdienen? In welche Richtung wird sich also unser Produktportfolio entwickeln – wie weist die Vision Forschung und Entwicklung den Weg bei uns in der Firma? Wer nicht weiß, wo der Zug herkommt und wo er hinfährt, kann auch nicht den richtigen Bahnhof finden.

Nachdem Sie also wissen, welchen konkreten Kundennutzen Sie bieten, beschreiben Sie Ihren Wunschkunden so klar wie möglich mit dem Wunschkundenprofil.

Hinweise zum Wunschkundenprofil

- Ein Wunschkundenprofil umfasst idealerweise fünf bis zehn Kriterien, die den idealen Kunden beschreiben.
- Davon müssen mindestens 80 Prozent nachher auf Ihre Kunden- bzw. Interessenten-Auswahl zutreffen, wobei die Kriterien nach Möglichkeit ohne großen Aufwand abprüfbar und eindeutig messbar sein sollten.
- Mögliche Kriterien sind:
  - Umsatzgröße (von/bis),
  - Anzahl der Mitarbeiter (von/bis),
  - Anzahl der Filialen (von/bis),

- Region,
- Branche,
- Beschaffungsverhalten,
- besondere Verhaltensmuster,
- Entwicklungsziele und Marktanforderungen
- Reifegrad bzgl. bestimmter Themen
- Ausnahmesituation (Übernahmen, Führungswechsel …)
- Marktzyklen.

■ Legen Sie von Ihrem Wunschkunden zudem eine Darstellung der vier Ansprechpartner (Empfehler, Beeinflusser, Entscheider, Abzeichner) und ihrer typischen Positionen beim Kunden an.

Diese Aufstellung zum Wunschkundenprofil finden Sie für Ihre eigene Arbeit online zum Download unter www.visionselling.de.

Beispiel für ein Wunschkundenprofil

Als Beispiel schildere ich Ihnen das Wunschkundenprofil meines Unternehmens, also von Heinrich Management Consulting. Unser idealer Kunde sieht so aus:

■ mehr als 20 Verkäufer,

■ absolviert bereits externe Vertriebstrainings oder hat Erfahrung mit externen Beratern,

■ muss mit komplexen Verkaufssituationen umgehen,

■ Wachstumsziele,

■ Schwierigkeiten mit Neukundengewinnung,

■ Vertriebszyklus zu lang,

■ Forecast ungenau,

■ Abschlüsse pro Verkäufer zu gering.

Kurz: Wir von Heinrich Management Consulting sind darauf fokussiert, nur Kunden zu akquirieren, die zu großen Teilen dieser Idealvorstellung entsprechen. Dies tun wir nicht aus Hochmut, sondern weil wir zum Teil bitter erfahren haben, dass man von Mäusen nicht wirklich satt wird und Elefanten sich sogar von Löwen selten beeindrucken lassen.

Ansprechpartner feststellen

Sie sollten nicht nur Ihre Kriterien zur Auswahl Ihrer idealen Kundenunternehmen festlegen, sondern zudem die Fragen nach den Ansprechpartnern beim Kunden und Ihren Funktionen beantworten:

- Welche Ansprechpartner finden Sie beim Kunden auf welcher Position?
- Welche Position halten die Entscheider in aller Regel inne?
- Und welche die Beeinflusser, Empfehler und Abzeichner?

Wir sind auf die vier Rollen bereits eingegangen. Und die sind ja nicht beliebig im Unternehmen gestreut – was Ihnen die Arbeit der Identifikation erleichtert: Oft handelt es sich bei den Abzeichnern um die Vorstandsvorsitzenden oder den Aufsichtsrat, bei den Entscheidern um den Geschäftsführer oder etwa den Bereichsvorstand. Zu den Beeinflussern gehören häufig die fachlichen Leiter. Empfehler treten in den Reihen derjenigen auf, die durch die Funktion der Investition eine Arbeitserleichterung erhoffen.

Wenn Sie ein derartiges Wunschkundenprofil entworfen haben, können Sie entscheiden, ob bezüglich eines konkreten Kunden ein weiteres Engagement sinnvoll ist. Und es hilft dabei sich zu orientieren, welche Gesprächspartner mit großer Wahrscheinlichkeit welche Rolle bei der späteren Entscheidung einnehmen werden. Und natürlich halten wir uns zunächst an die Entscheider und verschaffen uns dort Klarheit über die Motive einer Investition!

Informationen über Wunschkunden beschaffen

Je mehr Informationen Ihnen über Ihren Wunschkunden zur Verfügung stehen, desto leichter wird Ihnen die Ansprache fallen. Beantworten Sie darum möglichst detailliert die folgenden Fragen (Die Antworten können Sie übrigens auch zur Vorbereitung auf Ihr erstes Gespräch mit dem Entscheider nutzen; aber so weit sind wir noch nicht).

- In welcher Branche ist der Kunde aktiv? Welche Produkte und Leistungen bietet er an?
- Welche branchenspezifischen Schwierigkeiten gibt es?
- Wie steht es mit der Konjunkturentwicklung in dieser Branche?

- Welche Themen werden in der Presse für diese Branche problematisiert?
- Wer ist der Marktführer und wer sind die wichtigsten Wettbewerber in dieser Branche?
- Gibt es bereits Erfahrungen mit anderen Kunden dieser Branche und wie können Sie darauf zugreifen?
- Wo finden Sie Hinweise auf die konkreten Herausforderungen Ihres Kunden? Gibt es einen Geschäftsbericht, eventuell im Internet?
- Welche Informationen aus der Website oder anderen Informationsmedien des Kunden weisen auf sein Geschäftsfeld und die Herausforderungen hin, die er zu bewältigen hat?
- Wie lauten die Namen der Mitglieder der Geschäftsführung und der potenziellen Entscheider bei dem Kunden? Was ist über sie an Informationen verfügbar?
- Gibt es bereits veröffentlichte Interviews mit Ihren potenziellen Gesprächspartnern?

Wahrscheinlich werden Sie am besten wissen, wo Sie die notwendigen Informationen zu Ihren Wunschkunden finden. Das Internet ist eine unerschöpfliche Informationsquelle. Besonders gut geeignet sind die Online-Seiten unabhängiger Zeitungen und (Wirtschafts-)Magazine, die neben exzellent recherchierten Hintergrundberichten und aktuellen Analysen zu den Märkten, Branchen und Unternehmen, für die Sie sich interessieren, jeweils ein Artikelarchiv bieten. Dort können Sie nach älteren, aber dennoch informativen Berichten und Analysen suchen. Nutzen Sie diese zumeist kostenlose Dienstleistung, um mehr über Ihre Kunden, deren Wettbewerber und die Branchenentwicklung zu erfahren.

Des Weiteren sollten Sie die traditionellen Instrumente der Unternehmensanalyse nutzen, um Informationen zu sammeln, etwa das Instrumentarium der Branchen- und Kundenanalyse wie z. B. Geschäftsberichte, Bilanzen und Studien. So erfahren Sie, über welche Kernfähigkeiten und Kernschwächen sowie kritischen Erfolgsfaktoren Ihre Wunschkunden verfügen.

| Markt, Unternehmen, Branche: Informative Online-Seiten ||
(ungewichtete Reihenfolge; Quelle: eigene Internetrecherche)	
Informationen über Firmen, die im Handels-, Genossenschafts- und Partnerschaftsregister eingetragen sind; kostenfrei	www.unternehmensregister.de
Zentralhandelsregister	www.handelsregister.de
Übersicht über alle Wirtschafts-, Firmen- und Branchendatenbanken bei DataStar, kostenpflichtig	http://ds.datastarweb.com/datasheets/
Kostenloser Einblick in Geschäftsberichte und andere Informationen teilnehmender Unternehmen	http://www.handelsblatt.com/news/default.aspx?_p=200047
Kostenpflichtige Firmeninformationen, darunter auch Bonitätsauskünfte europaweit, bei Genios German Business Information	http://www.gbi.de/r_startseite/index.ein
Kostenpflichtige Firmenauskünfte, auch bezogen auf Bonität	www.creditreform.de
Handelsblatt	http://www.handelsblatt.de
Financial Times Deutschland	http://www.ftd.de
Süddeutsche Zeitung	http://www.sueddeutsche.de
Frankfurter Allgemeine Zeitung	http://www.faz.de/
Manager Magazin	http://www.manager-magazin.de/
Wirtschaftswoche	http://www.wiwo.de
Focus	http://www.focus.de
Spiegel	http://www.spiegel.de

Abb. 3: Nützliche Websites zur Unternehmensrecherche

Übung: Erstellen Sie Ihr Wunschkundenprofil

Notieren Sie die wesentlichen (fünf bis zehn) Kriterien, die Ihren idealen Kunden abbilden. Orientieren Sie sich zunächst nur an Ihren Wunschvorstellungen:

1. _____
2. _____
3. _____
4. _____
5. _____
6. _____
7. _____
8. _____
9. _____
10. _____

Überlegen Sie sich nun, mit welchen Gesprächspartnern Sie es zu tun haben und zu welchem der vier Rollenträger Sie jeweils gehören.

■ **Abzeichner**
– _____
– _____

■ **Entscheider**
– _____
– _____

■ **Beeinflusser**
– _____
– _____
– _____

■ **Empfehler**
– _____
– _____

Diese Übung zum Wunschkundenprofil finden Sie für Ihre eigene Arbeit zum Download unter www.visionselling.de (Passwort: GABVIS).

Was ist das Problem des Kunden? Entwerfen Sie eine Problemtabelle

Bei der Problemtabelle handelt es sich um ein Denkmodell, das es Ihnen ermöglicht, die Perspektive Ihres Kunden einzunehmen. Die Problemtabelle ist die strukturierte Darstellung seiner Sicht. Sie ermöglicht es Ihnen, die Wahrnehmungsbrille des Top-Entscheiders im Kundenunternehmen aufzusetzen und sich in seine „Problemwelt" hineinzuversetzen. Die weiteren Funktionen der Problemtabelle:

- Es ist ein Verfahren zur Sammlung von Verkaufsargumenten für konkrete Vertriebssituationen.
- Sie können sie als Wissensspeicher für Ihre Vertriebsarbeit nutzen. Die Problemtabelle kann dabei helfen, das Wissensmanagement im Vertrieb aufzubauen.
- Ihnen steht ein Hilfsmittel zur Verfügung, mit dem Sie sich unmittelbar vor dem Kundenkontakt auf Ihren Kunden und seine Probleme einstellen können.

So legen Sie Problemtabellen an

Bei der Arbeit am Wunschkundenprofil haben Sie grundlegende Parameter zur Beschreibung des Entscheiders zusammengetragen. Darunter notieren Sie im zweiten Schritt kurz und bündig in Stichwörtern eines „seiner" typischen Probleme, so weit Sie das erkennen oder schlüssig vermuten können. Schließlich geht es in die Feinausarbeitung: Notieren Sie nun in der gebotenen Ausführlichkeit:

- Fragen, um den typischen Problemursachen auf die Spur zu kommen.
- Die möglichen Auswirkungen für das Kundenunternehmen.
- Die dazu passenden Eigenschaften Ihrer Problemlösung, also den Nutzen der Lösung.

In Ihren Kundengesprächen werden Sie immer wieder neue typische Probleme Ihrer Kunden entdecken. Investieren Sie die Zeit, zu jedem der Probleme eine Problemtabelle zu entwerfen. Es lohnt sich! Und natürlich sollten Sie die existierenden Tabellen ergänzen und aktualisieren, wenn sich zum Beispiel Markt- und Rahmenbedingungen ändern.

Tipp aus der Praxis

Bei der Problembeschreibung besteht immer die Gefahr, dass Sie nicht das wahre Problem des Entscheiders treffen, sondern dasjenige in den Fokus rücken, das Sie im Kundenunternehmen vermuten. Oder Sie beschreiben sogar *Ihr* „Wunschproblem" – weil Sie sicher sind, dafür eine Lösung anbieten zu können.

Ob das so ist, können Sie mit dem Stammtischtest herausfinden: Stellen Sie sich vor, Ihr Zielkunde trifft sich mal auf ein Bier mit alten Freunden. Weil er Sorgenfalten auf der Stirn hat, fragen sie ihn: „Was macht Dir Sorgen?" Wird er wirklich das sagen, was Sie sich notiert haben?

Bei der Beantwortung dieser Frage müssen Sie ehrlich gegenüber sich selbst sein. Seine privaten Probleme mal außen vor – die können Sie vermutlich weder kennen noch lösen – aber was in der Firma „abgeht", das sollten Sie wissen! Indem Sie den üblichen Rahmen verlassen und den Entscheider und sich in die Eckkneipe versetzen, erhalten Sie wahrscheinlich ein ehrliches Feedback – von sich selbst.

Hier nun ein Beispiel für eine Problemtabelle, die von einem Verkäufer von Notebooks für Außendienstorganisationen erstellt worden ist. Bei dem Entscheider handelt es sich um einen Marketingleiter aus der Konsumgüterbranche.

Problem: Es droht Regalplatz an die Konkurrenz verloren zu gehen. Dieses Problem verstehen alle Marketingleute aus der Consumerbranche: Wenn der Regalplatz geht, dann gehen mit ihm der Marktanteil und der Umsatz.

Verkäufer: Der Verkäufer hat sich darauf spezialisiert, verschiedene Personen bei seinen Zielkunden anzusprechen. Darum bedenkt er bei der Darstellung der Auswirkungen stets auch die anderen Funktionsträger.

Lösung: Die vom Verkäufer vorgeschlagene Lösung basiert auf Notebooks, durch die die Vertriebsmitarbeiter des Kundenunternehmens mit einem mobilen Funknetz an die Warenwirtschaft der Zentrale angebunden werden. Sie sind somit zum Beispiel in der Lage, direkt vor Ort für eine optimale Auslastung der Regalfläche zu sorgen.

Entscheider: **Marketingleiter** in der Konsumgüterindustrie *(Beschreibung des Entscheiders eines Wunschkundenprofils)* **Problem:** Regalplatz geht an den Wettbewerb verloren *(Was ist ein wichtiges Problem des Ansprechpartners?)*		
Ursachen	**Auswirkung**	**Nutzen der Lösung**
Liegt es daran, dass Aufträge per Fax nur einmal pro Tag in die Zentrale kommen? Wie werden die Aufträge erfasst? Gibt es Tippfehler bei der Erfassung? Entstehen dadurch Probleme mit der Kundenzufriedenheit? Liegt es an der unzureichenden Verfügbarkeit der einzelnen Artikel? Wie können die Außendienstmitarbeiter beim Kunden die Verfügbarkeit überprüfen? Wie hoch ist der Anteil des Storno, wenn Liefertermine nicht eingehalten werden? Liegt es daran, dass die Kunden erbost über die Lieferzuverlässigkeit sind? Verlieren Sie daher Regalplatz an Wettbewerber, die besser liefern? Erleiden Ihre Kunden Umsatzausfälle, wenn Sie nicht liefern? Liegt es daran, dass die Außendienstmitarbeiter nicht über die Aktionspreise informiert sind? Wie kündigen Sie Änderungen im Sortiment an? Wie groß sind die Verzögerungen? Werden häufig die alten und inzwischen nicht mehr wettbewerbsfähigen Preise genannt?	Bedeutet der verlorene Regalplatz auch, dass Umsatzziele in Gefahr sind oder geringere Erträge drohen? Droht eine falsche Inventarstruktur? Oder ein zu hoher Auftragsbestand und zu große Außenstände? *Ist der Finanzvorstand involviert?* Bedeutet der verlorene Regalplatz, dass Kunden an den Wettbewerb verloren gehen? *Ist der Vertriebsvorstand involviert?* Führt der verlorene Regalplatz zu Spezialaufträgen und Notlieferungen? *Ist der Logistikleiter involviert?* Hat der verlorene Regalplatz Auswirkungen auf das Unternehmenswachstum (Aktienkurs)? *Ist die Unternehmensleitung involviert?* Führt der verlorene Regalplatz dazu, dass die Außendienstmitarbeiter frustriert sind? Leidet die Moral, sinken die Provisionen? *Ist der Personalleiter involviert?*	Würde es helfen, wenn ...? *(wann)* jederzeit online *(wer)* Ihre Vertriebsmitarbeiter *(was)* Aufträge direkt beim Kunden eingeben könnten? *Wie sieht der messbare Nutzen dieser Lösung aus?* *(wann)* jederzeit online *(wer)* Ihre Vertriebsmitarbeiter *(was)* die Verfügbarkeit und evtl. Liefertermine aller Produkte direkt beim Kunden nennen könnten? *Wie sieht der messbare Nutzen aus?* *(wann)* bei nicht verfügbaren Produkten *(wer)* Ihre Vertriebsmitarbeiter *(was)* sofort alternative Produkte verkaufen könnten? *Wie sieht der messbare Nutzen aus?* *(wann)* bei Aktionspreisen der Wettbewerber *(wer)* Sie selbst *(was):* jeden Morgen eine Übersicht der preisbedingten verlorenen Aufträge sehen können und eine Gegenmaßnahme ergreifen, die sofort für alle Verkäufer gilt? *Wie sieht der messbare Nutzen aus?*

Abb. 4: Beispiel für eine Problemtabelle

Eine solche Problemtabelle finden Sie für Ihre eigene Arbeit online zum Download unter www.visionselling.de (Passwort: GABVIS).

Die Vorteile der Problemtabelle

Nur auf den ersten Blick mag diese Art der Vorbereitung zu aufwändig erscheinen. Jeder, der nach dieser Methode arbeitet, bestätigt, dass sie sich innerhalb kürzester Zeit bezahlt macht. Natürlich müssen die Problemtabellen erst einmal nach und nach erstellt werden, sich in der Praxis bewähren und auf Dauer gelebt werden. Die Tabellen helfen Ihnen, im Gespräch mit dem Kunden nicht den Faden zu verlieren. Sie geraten auch in komplizierteren Gesprächen nicht in die Gefahr, seine wesentlichen Interessen aus den Augen zu verlieren: Es gelingt Ihnen, den Blickwinkel und die Wahrnehmungsperspektive des Kunden einzunehmen.

Verkäufer werden oft dazu verleitet, einen großen Teil der Gespräche mit dem Kunden zur Darstellung des *eigenen* Produktes zu verwenden und dies als Lösungsmittel par excellence darzustellen. Dies geschieht zweifellos oft aus der echten Überzeugung heraus, dass die angebotene Lösung die beste ist. Aber trifft das auch die Sicht des Kunden? Die Problemtabelle hilft Ihnen, die Sicht des Kunden ständig vor Augen zu haben. Wie gesagt: Es geht um die kundenzentrierte Lösung, nicht um die verkäuferzentrierte. Bereits die Erstellung einer Problemtabelle für Ihre Zwecke wird Ihre Leistungsfähigkeit als Verkäufer deutlich steigern: Denn Sie machen sich schriftlich bewusst, welche Gründe für das Problem beim Kunden aus der Sicht Ihres Ansprechpartners bestehen und welche Auswirkungen dies auch auf andere Unternehmensbereiche des Kunden und Kollegen des Ansprechpartners hat.

Wissensmanagement: Problemtabelle im Team erstellen

Es hat sich bewährt, die Problemtabellen im Team zu erstellen, um so die Erfahrungen aller Kollegen zu nutzen. Jeder Kollege im Vertrieb nimmt sich eine Problemtabelle vor, beschreibt also ein Kundenproblem. Dann zirkulieren die ersten Entwürfe in der Runde. Jeder Verkäufer ergänzt weitere Ursachen, Auswirkungen und Nutzen aus seiner persönlichen Erfahrung. Nach einem Durchlauf steht die Erfahrung des gesamten Vertriebs allen zur Verfügung.

Wichtig: Wenn Sie sich entschließen, dieses Werkzeug in Ihrer Vertriebsabteilung einzusetzen, müssen Sie eine qualifizierte Person finden, die dafür sorgt, dass die Sammlung an Problemtabellen regelmäßig aktualisiert und überarbeitet wird! Statten Sie diesen Mitarbeiter dazu mit den entsprechenden Kompetenzen und Verantwortlichkeiten aus.

> **Übung: Problemtabelle im Team erstellen**
> - Alle Teammitglieder kennen das Wunschkundenprofil, um das es geht. Hängen Sie die Beschreibung auf einem Flipchart im Raum auf.
> - Jeder bekommt eine vorbereitete Problemtabelle, in der lediglich die Beschreibung des Entscheiders und eines seiner Probleme eingetragen ist.
> - Nun hat jeder 15 Minuten Zeit, um Ursachen, Auswirkungen und Nutzenideen zu notieren.
> - Schließlich reicht jeder sein Blatt nach links weiter und bekommt von rechts ein neues Blatt. Jeder liest nun die Punkte, die bereits von seinem Vorgänger ausgefüllt wurden, und ergänzt die Tabelle um die Punkte, die ihm einfallen.
> - Nach weiteren 15 Minuten erfolgt ein zweiter und letzter Wechsel.

In nur 45 Minuten sammeln Sie sehr viele Aspekte und Nutzenbeschreibungen zu all den verschiedenen, in den Tabellen aufgelisteten Problemen. Natürlich müssen die Informationen ausgewertet, zusammengefasst und überarbeitet werden – am besten von einer kompetenten Person, die das zentral übernimmt. So sehen die Tabellen später gleich aus und funktionieren nach derselben Systematik.

Jeder Beteiligte erhält einen Ausdruck der Problemtabellen. Jeder Verkäufer kann nun in seiner täglichen Arbeit auf die Erfahrungen der Gruppe zurückgreifen und sie weiter ergänzen. In regelmäßigen Abständen von einigen Monaten können die Problemtabellen von der gleichen oder einer ähnlichen Gruppe bearbeitet werden.

Fazit und Ausblick

In diesem Kapitel haben wir uns mit dem Werkzeug des Auswählens der richtigen Kunden beschäftigt. Das geht in 7 Schritten:

1. Definieren Sie das Wunschkundenprofil und qualifizieren Sie damit die Kunden und potenziellen Kunden, die wirklich zur Lösung, zum Angebot passen, die davon wirklichen Vorteil genießen werden und an denen Sie wirklich etwas verdienen können.

2. Akzeptieren Sie, dass es ist nicht möglich oder auch nur sinnvoll ist, eine allgemein gültige Problemtabelle zu erschaffen. Die Anlage von (individuellen) Problemtabellen kann nur mit einem klar umrissenen Kundenprofil und viel Wissen über den jeweiligen Kunden funktionieren.

3. Versetzen Sie sich in die Person des Entscheiders beim Wunschkunden. Welche Probleme könnte er haben? Womit beschäftigt er sich? Erstellen Sie eine Liste der Probleme, die Sie vermuten. Achten Sie darauf, dass Sie nicht Ihre „Wunschprobleme" notieren.

4. Legen Sie für jedes Problem eines Entscheiders eine Problemtabelle an.

5. Erarbeiten Sie mögliche Ursachen und typische Auswirkungen des Problems. Beschreiben Sie den durch den Einsatz Ihrer Lösung erwarteten messbaren Nutzen. Lassen Sie sich Zeit dafür. Arbeiten Sie konzentriert. Nehmen Sie sich Ihr Ergebnis nochmals vor und ergänzen Sie es Schritt für Schritt.

6. Nutzen Sie die Problemtabelle unmittelbar vor und nach dem Kundenkontakt: vorher als Inspiration und nachher, um neue oder abweichende Erfahrungen zu notieren.

7. Üben Sie jetzt die Erstellung einer Problemtabelle mit Hilfe eines konkreten Kunden. Fertigen Sie auf einem Blatt Papier oder im PC eine Tabelle an – nach diesem Muster:

Top-Entscheider: _____
(Beschreibung des Entscheiders eines Wunschkundenprofils)

Problem: _____
(Was ist ein wichtiges Problem des Ansprechpartners?)

Ursachen	Auswirkung	Nutzen der Lösung
Liegt es daran, dass …?	Bedeutet …, dass?	Würde es helfen, wenn …?

Wenn Sie jetzt denken, es sei trotz Wunschkundenprofils und Problemtabelle nicht möglich, an die „wirklichen Top-Leute" heranzukommen, dann ist das nur zu verständlich. Im nächsten Kapitel aber erfahren Sie, was Sie tun müssen, um tatsächlich zum Entscheider durchzudringen und einen Termin zu bekommen.

4 Ansprechen: Dringen Sie schnell zum Top-Entscheider durch

Was Ihnen dieses Kapitel bietet

Sie wissen um die Probleme der für Sie relevanten Top-Entscheider. Sie haben sie in unterschiedlichen Problemtabellen zusammengefasst und Ihre zielorientierten Fragen dazu überlegt. Sie wissen, dass Sie die Lösung entwickelt haben. Jetzt muss das „nur" noch der Entscheider wissen. Und darin besteht die Herausforderung: Sie müssen Ihre Wunschkunden per Brief und Telefon so ansprechen, dass sie einen Termin mit Ihnen vereinbaren. Brief und Anruf sind Ihre Türöffner, mit denen Sie sich Zugang verschaffen. Oh weh, damit werden Sie scheitern, meinen Sie? Spätestens bei der Sekretärin ist Schluss? Ja, immer werden Türen zu den Büros in den Schaltstellen der Macht von Türhütern bewacht, die verhindern wollen, dass Sie mit Ihren Zielpersonen sprechen. Und so kommen Sie an diesen vorbei:

Mit dem ersten Brief überzeugen

In den meisten Vertriebs- und Verkaufshandbüchern geht es darum, wie Sie im Kundengespräch Interesse wecken, Einwände behandeln und entkräften, Nutzen darstellen und Argumentation präsentieren – alles richtig und wichtig. Nur: Brauchen Sie diese Fähigkeiten nicht schon viel früher? Denn wenn Sie es erst einmal ins Büro des Entscheiders geschafft haben, ist der schwierigste Schritt ja bereits getan: Sie haben schon einen Termin erhalten. All die Fähigkeiten, die ich soeben genannt habe, brauchen Sie schon viel früher, wenn Sie mit Herz und Verstand Kontakt mit Ihren Entscheidern aufnehmen.

Bei der Kontaktaufnahme zu den Entscheidern im Kundenunternehmen lässt die Kreativität vieler Firmen, Vertriebsleiter und Verkäufer sehr zu wünschen übrig. So arbeiten sie zum Beispiel mit Serienbriefen, mit denen möglichst viele neue potenzielle Kunden angesprochen werden sollen. Daraus resultiert eine Erfolgsrate von selten mehr, oft weit weniger als fünf Prozent.

Kein Wunder: Wahrscheinlich kennen auch Sie die „08/15-Briefe", die viel Information und Langeweile verbreiten, aber weder Nutzen bieten noch zu Herzen gehen: „Sehr geehrte Frau Entscheider (*obwohl Sie sich an einen*

Herrn richten) respektive Sehr geehrter Herr Dr. Entscheider (*obwohl es sich bei dem promovierten Entscheider um eine Frau handelt, was sich Ihre Serienbrief-Software offensichtlich „nicht vorstellen" kann*), wir freuen uns ungemein, Ihnen in der Anlage eine Übersicht über unsere Produktpalette zuschicken zu dürfen. Gerne setzt sich unser Mitarbeiter Josef Müller mit Ihnen in telefonische Verbindung, um …" oder „Sehr geehrter Herr …, Wissensmanagement-Systeme sind auch für Ihr Unternehmen unabdingbar für die Zukunftssicherheit. Daher laden wir Sie gerne zu unserer Roadshow ein. Informieren Sie sich doch am … um …"

Mit solchen Briefen haben Sie keine Chance, bis zum Entscheider vorzudringen. Je nach Außen-Aufmachung wird der Brief gleich ungeöffnet weggeworfen, der sieht sogar nicht mal mehr das Licht des Sekretariats! Um soviel Interesse zu wecken, dass er auf dem Schreibtisch des Entscheiders landet, muss Ihr Brief etwas Besonderes bieten. Zum Beispiel eine Kopfzeile, die Ihrem Namen gerecht wird.

Mit Köpfchen: So fällt Ihre Kopfzeile auf

Der Entscheider hat das Wohl des Unternehmens im Visier. Wohlgemerkt: *seines* Unternehmens, nicht das Ihres Unternehmens. Wenn Sie an seiner Aufmerksamkeit interessiert sind, dann sollten Sie ihm Ihre Einstellung, ihm nützlich zu sein, gleich ganz zu Anfang mitteilen. Unmissverständlich. Kommunizieren Sie also mit der ersten Zeile, die ins Auge fällt: der Kopfzeile oder Headline Ihres Briefes. Platzieren Sie dort eine kurze, aber prägnante Aussage über einen Referenzkunden. Verwechseln Sie die Kopfzeile nicht mit dem Betreff. Nein: Die Kopfzeile steht noch vor der Adresse, sie gibt dem Brief Halt und Stütze, Sie ist das „Gehirn" des Briefes.

Dazu gehen Sie so vor: Fertigen Sie eine Liste an, auf der Sie Ihre besten Kunden notieren. Oder – falls Sie sich zum Beispiel ein vollkommen neues Kundenpotenzial erschließen wollen – Ihre vielversprechendsten Interessenten, die in einer vergleichbaren Branche zu Hause sind wie der Entscheider, den Sie für Ihr Produkt oder Ihre Leistung gewinnen möchten. Markieren Sie den Kunden, der aus Ihrer Zusammenarbeit den größten Wert und Nutzen gezogen hat (oder ziehen wird). Dabei geht es nicht um den Umsatz, den Sie gemacht haben. Hier geht es darum, welchen messbaren Wert und Nutzen der Kunde erhalten hat oder erhalten wird! Beantworten Sie für diesen Kunden die folgenden Fragen:

- Wie lange arbeiten Sie schon mit dem Kunden zusammen?
- Welche Ihrer wesentlichen Produkte und/oder Dienstleistungen hat der Kunde im Einsatz (oder wird er haben)?

Beantworten Sie dann für jedes Produkt oder jede Dienstleistung diese Fragen:

- Welchen Einfluss auf die Steigerung der Erträge Ihres Kunden hat es?
- Welchen Einfluss auf die Kostensenkung hat es?
- Welchen positiven Einfluss auf den Gewinn des Kunden hat es?
- Welchen positiven Einfluss hat es auf die Kunden Ihres Kunden?
- Welchen positiven Einfluss hat es auf die Qualität der Produkte oder Leistungen Ihres Kunden?
- Welchen positiven Einfluss hat es auf die technologische Weiterentwicklung und Innovationsfähigkeit des Kunden? Gibt es einen technologischen Durchbruch?
- Welchen positiven Einfluss gibt es auf die Preisstellung des Kunden? Konnten höhere Preise durchgesetzt werden? Konnte die Preisführerschaft ausgebaut werden?
- Welchen positiven Einfluss auf den oder die kritischen Prozesse im Unternehmen sind messbar und damit nachweisbar?
- Welchen Einfluss hat es auf aktuelle oder anstehende Projekte?

Achten Sie darauf, dass Sie vor allem an harte Fakten und nachprüfbare Informationen gelangen, die Sie in Ihrem Brief wie ein Zitat verwenden können. Nach der Beantwortung der Fragen setzen Sie eine Headline zusammen – hier einige Beispiele:

- „In diesem Jahr werden drei der Top-10-Automobilzulieferer in Deutschland ihren Lagerumschlag um 45 Prozent steigern. Könnten Sie auch von dem Team profitieren, das hierfür verantwortlich ist?"
- „Unsere Verkäufer haben die Anzahl ihrer Kundenkontakte im letzten Quartal nachweislich um 15 Prozent gesteigert und den monatlichen Umsatz um 400.000 € erhöht."

Und wenn Sie den Namen eines Referenzkunden nennen können:

- „Mehr als eine Million Euro Umsatzzuwachs im Jahr 2001 waren Argument genug, um mit der Firma XYZ zu kooperieren. Dass auch die Zufriedenheit unserer Kunden messbar stieg, hat uns bestärkt."

  Hans R. Eferenz, Vorstand AB-Aktiengesellschaft

Oder zumindest so:

- „Die Auslastung unserer Businesscenter in 2001 ist kontinuierlich auf über 95 Prozent gestiegen und seither stetig profitabel."

  H. E., Inhaber einer der größten nationalen Hotelketten

Checkliste und Übung für eine gelungene Kopfzeile

- Prüfen Sie nach, ob die Headlines Ihrer bisherigen Briefe die folgenden Kriterien erfüllen:
  - haben weniger als 30 Worte
  - enthalten Zahlen oder Prozentzahlen
  - enthalten keine „Buzz-Words", also etwa Fachwörter oder Industrie-Jargon
  - beschäftigen sich mit den Interessen des Entscheiders und sind relevant für ihn
  - schaffen Vertrauen in Ihre Kompetenz (hier sollten Sie einen Kollegen um eine Einschätzung bitten)
  - benennen einen konkreten Zeitraum.
- Und jetzt texten Sie eine entsprechende Kopfzeile, die genau diese Kriterien erfüllt.

„Neun Monate nach heute"
... sind *Sie* die Referenz, lieber Kunde

Es gibt noch keine Referenz? Das macht die Sache nicht leichter. Aber auch nicht schwerer. Nur anders! Sehen Sie das Positive: *Noch* liegt Ihnen keine Referenz vor. Aber der potenzielle Kunde, den Sie jetzt anschreiben, kann die erste Referenz werden! Und das sollten Sie ihm auch sagen. Schreiben Sie darum eine Headline wie die folgende:

- „25 % weniger Kosten bei der Kundenansprache und dabei konnten wir unseren Ertrag nennenswert steigern und unsere Führungsposition in der <Branche Ihres Kunden> behaupten!"
<Name des Entscheiders>, <Titel> bei <Firma>, <Datum, **neun Monate nach heute**>

Das macht Eindruck. Das ist mutig. „Neun Monate nach heute" – zu mutig? Wohl kaum. Wer sagt denn, dass Erfolg im Verkauf durch Bescheidenheit zustande kommt? Sehen Sie sich die Situation aus dieser Perspektive an: Viele Machthaber in Unternehmen haben einen wesentlichen Teil ihrer beruflichen Karriere im Vertrieb verbracht oder sind noch heute vertrieblich tätig. Da macht ein Ansatz der oben beschriebenen Art besonderen Eindruck. Der Top-Entscheider denkt: „Wenn nur meine Leute so pfiffig vorgehen würden ..."

Tipp aus der Praxis

Die Entwicklung einer geeigneten Headline ist ein sehr wesentlicher Teil der Akquisition. Patentrezepte gibt es dafür kaum: Experimentieren Sie mit verschiedenen Texten und ermitteln Sie auf diese Weise, was am besten funktioniert.

Hinten ist die Ente fett: das PS

Text-Journalisten lernen, dass eine gelungene Meldung ganz anders aufgebaut ist als ein Roman oder eine Erzählung. In einer Erzählung etwa wird die Spannung langsam aufgebaut – und zum Schluss kommt das Spannendste. In einer guten Zeitungsstory hingegen steht das Wichtigste und Spannendste am Anfang, nämlich in der Überschrift und im ersten Absatz. Dann wird die Information weiter ausgebreitet und immer ausführlicher. Der Leser kann daher jederzeit „aussteigen". Er weiß dann auf jeden Fall das Wichtigste, ist aber nicht umfassend informiert, wenn er früher aussteigt. Ganz zum Schluss jedoch kommt noch ein Bonmot, das jeder lesen will, ein Höhepunkt, ein irritierender Gag, eine Schlusspointe.

Wenn Sie es eilig haben, lesen Sie Zeitungsartikel auch so: Sie beginnen oben, lesen Überschrift und Einstieg intensiv, überfliegen den Rest – und den letzten Absatz lesen Sie wieder in Ruhe. Wenn Sie dann noch Interesse haben, gehen Sie den Artikel Wort für Wort durch. Da es die unausgesprochene Übereinkunft zwischen Journalist und Leser gibt, dass dies so ist und jeder ja auch weiß, dass es noch eine Schlusspointe gibt, erfreut sich der Schluss zumeist größter Beliebtheit. Er wird gelesen! Und darum strengt sich der Journalist hier ganz besonders an.

Machen Sie sich das Know-how der professionellen Texter zunutze! Die spannendste Mitteilung Ihres Briefes steht in der Headline. Und ganz unten die Aufforderung zur Tat. Darum geht es im PS Ihres Briefes, das dann so aussieht:

PS: „Ich melde mich telefonisch bei Ihnen im Büro, und zwar am ... um 9:00. Falls Sie nicht im Büro sein sollten oder ich eine unpassende Zeit ausgesucht habe, lassen Sie bitte Anita Meierfried eine geeignete Zeit vorschlagen."

Dazu noch zwei Hinweise: Wenn Sie 9:00 schreiben, dann ist wohl klar, dass Sie um Punkt neun Uhr anrufen. Besser noch: um fünf Minuten vor Neun. Entscheider haben wenig Zeit und lieben Pünktlichkeit. Wenn Sie also mehrere Briefe schreiben, dann achten Sie darauf, dass Sie für sich genug Zeit zwischen den Anrufen einplanen. Denn ansonsten rufen Sie an und Anita Meierfried teilt Ihnen mit: „Ja, ich hatte Ihren Anruf erwartet. Allerdings vor zehn Minuten. Jetzt ist Herr Dr. Wackhaussen beschäftigt ..."

Und zweitens: Klar, dass Anita Meierfried der Name der Sekretärin Ihres Entscheiders ist. Wenn Sie den nicht kennen, geht 80 Prozent der Wirkung Ihres Briefes verloren. Schreiben Sie nicht „Ihre Sekretärin". Das schreiben alle!

Wenn Ihnen der Name nicht bekannt ist, rufen Sie in der Telefonzentrale an und fragen Sie nach dem Namen der Assistenz des von Ihnen gewünschten Entscheiders! Sie werden ihn bekommen. Falls dort gefragt wird, wozu Sie den Namen benötigen, sagen Sie, Sie möchten einen Brief schreiben und den Namen auf jeden Fall korrekt schreiben. Das klappt immer!

Tipp aus der Praxis

Falls Sie noch nicht sicher wissen, wie sich der Name des Entscheiders ausspricht, ist jetzt genau der richtige Moment, um diese Wissenslücke zu schließen. Die Telefonzentrale wird mehr als bemüht sein, Ihnen die korrekte Aussprache zu nennen. Nichts ist peinlicher für Sie, wenn Sie Herrn **Pa**ris freundlich aber bestimmt mit „Guten Morgen, Herr P**a**ris" begrüßen. (Dem Autor dieser Zeilen ist dieser Vorfall in sehr unangenehmer Erinnerung geblieben ...)

Warum eigentlich ist es so wichtig, den Namen der Assistenz zu kennen? Zum ersten ist das ein Gebot der Höflichkeit. Hinzu kommt: Versetzen Sie sich bitte in die Rolle dieser Person. Auch sie ist nicht immun gegen das schönste Wort der Welt: ihren eigenen Namen! Wenn die Assistenz des Geschäftsführers oder der Hauptabteilungsleiterin ihren eigenen Namen liest, vervielfachen sich Ihre Chancen, dass Ihr Brief eben nicht gemeinsam mit den restlichen Werbebriefen im Papierkorb landet.

Tatsachen ohne Schnörkel: der erste Absatz

Nun zum nächsten Baustein für Ihren Brief – zum ersten Absatz. Mit ihm müssen Sie das Interesse erhalten, das Sie mit der Kopfzeile oder Headline geschaffen haben. Wie langweilig wäre ein Einstieg wie: „Wir haben noch nicht miteinander gesprochen, aber ..." Oder noch schlimmer: „Wie schon in dem Gespräch mit Ihrer Assistentin, Frau Meierfried, besprochen ..." Schließen Sie mit dem ersten Absatz direkt an die Kopfzeile an:

- „Diese beachtlichen Resultate konnten unsere Kunden für sich verbuchen. Immerhin xx Prozent zusätzliche Liquidität haben sie erwirtschaftet. Und dieses Kapital steht nun für die so wettbewerbsentscheidenden Investitionen zur Verfügung." Oder:

- „Es ist so real wie dieser Brief: Die AB-Aktiengesellschaft konnte ihren Lagerbestand an Rohwaren um 20 Prozent senken, die XYZ GmbH bewältigt nun mehr als 100 zusätzliche Kundenkontakte pro Monat und die Mustermann KG hat ihre Stornorate um 80 Prozent reduziert."

Kommen Sie direkt auf den Punkt. Keine Höflichkeiten. Kein Drumherum. Keine Floskeln. Wenn Sie sich unterscheiden wollen von den vielen Briefen, die im Altpapier landen, bevor die relevanten Entscheider sie auch nur zu Gesicht bekommt, dann müssen Sie sich ab- und hervorheben.

Bieten Sie Nutzen pur

Lassen Sie jetzt eine Liste mit Nutzen folgen, die Ihren Wunschkunden interessieren. Wichtig dabei ist, dass dieser Nutzen in die Aussage einer anderen Person verpackt ist. Als Verbreiter der Nachricht wählen Sie eine imaginäre Person, die aus Sicht des Entscheiders kompetent ist:

- „Wenn wir mit den Führungskräften unserer Kunden aus der <Branche des Kunden> sprechen, dann nennen sie uns häufig dieser Erfolge unserer Zusammenarbeit:
  - 30 Prozent geringere Rate von Bestellungen, die wegen zu geringer Lagerbestände nicht fakturiert werden können.
  - 12 Prozent schnellere Umsetzung von Verkaufsaktionen im Außendienst und frühzeitiges Abschöpfen der Orderbudgets ihrer Handelspartner, bevor der Wettbewerb aktiv wird.
  - Steigerung des Lagerumschlags um den Faktor 1,5 durch gezieltes Ausweichen auf lieferbare Ersatzartikel und Cross-Selling von geeigneten Ergänzungsartikeln."

Tipp aus der Praxis

Um auch mit diesem Teil des Briefes zu überzeugen, müssen Sie sich in der Branche des Entscheiders auskennen. So können Sie ihm die Punkte liefern, die ihm wahrscheinlich im Moment wirklich Kopfzerbrechen bereiten – Punkte, die ihn interessieren und beschäftigen.

Action please: der Schluss als Handlungsaufforderung

An das Ende eines jeden Werbebriefs gehört eine Bestellaufforderung – an das Ende Ihres Entscheider-Briefes gehört Ihr Angebot, intensiv Gedanken über Ihr Nutzenangebot anzustellen und mit Ihnen zu sprechen:

- „Herr Dr. Wackhaussen, die Wahrscheinlichkeit, dass Ihre <Firma> diese oder bessere Ergebnisse innerhalb der kommenden 12 Monate erreichen kann, mag zum jetzigen Zeitpunkt schwer vorhersagbar sein. Aber eines ist sicher: Sie sind in der Position, um das einzuschätzen. Und gemeinsam können wir die Chancen realistisch beurteilen."

Das ist frech, aber nicht überheblich. Fordern Sie den Entscheider heraus: Er und nur er hat die Kompetenz zu entscheiden, ob Ihre Lösung tatsächlich für ihn den erhofften Nutzen erbringen kann. Nur: Um das genau beurteilen zu können, muss er sich mit Ihnen treffen oder mit Ihnen reden.

Der Entscheider-Brief in der Übersicht

Kopfzeile. Entweder ein Zitat eines Referenzkunden aus der Branche des Entscheiders oder ein herausforderndes Statement mit zählbarem Erfolg. Nicht mehr als 30 Worte!

Name des Entscheiders
Firma
Adresse

Datum

Sehr geehrte Frau ... / sehr geehrter Herr ...,

Eröffnungsabsatz, der an die Headline anschließt. Konzentrieren Sie sich auf tatsächliche Nutzen, die Sie für reale Kunden geschaffen haben. Die Idee der Headline setzt sich fort.

Was andere Kunden gut finden:
- *Der wichtigste Nutzen, den Sie liefern,*
- *der zweitwichtigste Nutzen,*
- *der drittwichtigste Nutzen.*

Ein guter Schluss ist, offen zu lassen, ob die Ergebnisse, die Sie dargestellt haben, auch für die Firma des angesprochenen Entscheiders wiederholbar sind. Lassen Sie ihm die Möglichkeit zur Entscheidung und schlagen Sie vor, dass Sie gemeinsam mit ihm die Chancen zur erfolgreichen Umsetzung erörtern wollen.

Unterschrift
Ihr Name
Ihre Telefonnummer (absolut notwendig!!)

PS: Kündigen Sie an, dass Sie ihn am Tage XY um ZZ Uhr anrufen werden. Wenn er nicht da sein sollte oder der Termin ungünstig ist, bitten Sie ihn, dass seine Assistenz <Namen seiner Assistenz nennen!> einen besseren Termin vorschlägt.

Abb. 5: Beispiel für einen „Eröffnungs-Brief" an einen Top-Entscheider

Wenn Sie dann den Brief unterzeichnen, machen Sie mit der gleichen Stift-Farbe einen Kringel um die Datumsangabe im PS. So unterstreichen Sie nochmals die Individualität des Briefes.

Ein Briefbeispiel finden Sie für Ihre eigene Arbeit online zum Download unter www.visionselling.de.

Übung: Ihr erster Entscheider-Brief im Vision Selling

Nur die richtige Information und die richtige Ansprache, die sowohl den Verstand des Entscheiders anspricht als ihn auch berührt, lässt ihn Ihren Brief weiterlesen. Er muss und wird gleich merken: „Hier weiß einer, wo's langgeht. Der nervt nicht schon im Brief mit Verkaufsgequatsche. Der versteht, worauf´s mir ankommt".

Bisher haben Sie dazu zahlreiche Tipps erhalten – aber jetzt müssen Sie Ihr neues Know-how auf die Top-Entscheider in Ihren Kundenunternehmen anwenden. Also: Schreiben Sie einen Brief nach den Maßgaben des Vision Selling, suchen Sie sich dazu einen wichtigen Kunden aus. Lassen Sie den Briefentwurf von möglichst vielen Personen gegenlesen und beurteilen, aber lassen Sie sich nicht von der Struktur der Elemente im Akquisitionsbrief abbringen!

So landen Sie nicht im Papierkorb: die äußere Form

Viele geschäftliche Briefe ereilt das Schicksal „Ablage P wie Papierkorb", bevor sie überhaupt geöffnet wurden. Ein Grund: Sie werden mit billigen Werbesendungen verwechselt. Um Ihren Briefen den Papierkorb zu ersparen, müssen Sie auch auf einige formale Dinge achten.

Tipp 1: Benutzen Sie A4- statt C4-Umschläge
Wenn Sie statt der üblichen Kuverts die größeren A4-Briefkuverts verwenden, fallen Sie aus der Reihe. Das etwas höhere Porto sollte Sie nicht davon abhalten. Schließlich haben Sie etwas Wichtiges und Wertvolles mitzuteilen. Ein Brief, der gefaltet ist, wirkt bei weitem nicht so werthaltig wie ein ausgefaltetes Dokument. Und außerdem werden durch die typische Leporello-Faltung des Briefes für ein DIN-Kuvert die Headline und das PS schlechter zu lesen sein. Ein glatter Brief wirkt in der Postmappe des Chefs einfach besser.

Tipp 2: Benutzen Sie weiße Umschläge

Auf keinen Fall dürfen Sie ein Kuvert mit Logo verwenden! Schauen Sie sich einen solchen Briefumschlag einmal an – wahrscheinlich denken auch Sie sofort an eine Massenaussendung – vor allem dann, wenn das Logo nicht zu den bekannten Logos dieser Welt gehört. Verwenden Sie ein weißes, vielleicht auch elfenbeinfarbenes Kuvert. Wenn Sie schon einmal die Visitenkarten oder die Briefvordrucke der Top-Vorstände dieser Nation gesehen haben, wissen Sie, dass der Vorschlag nicht ungewöhnlich ist. In diesen Kreisen benutzt man besonderes Papier, das sehr oft kein Logo enthält, um sicherzustellen, dass Korrespondenz aus der obersten Etage nicht mit Werbebriefen verwechselt wird.

Tipp 3: Sorgen Sie für Unikate – keine Adressaufkleber nutzen

Ihr Brief an Ihren Entscheider ist ein Unikat. Gute Erfahrung gibt es mit besonderen Papiersorten und hochwertig gepolsterten Umschlägen. Daher verwenden Sie auch keine Adressaufkleber und schon gar keine Serienbrief-Adressdrucke. Wenn Sie eine gute Handschrift haben, schreiben Sie die Adresse selbst. Falls nicht, bitten Sie eine Kollegin oder einen Kollegen, Ihren Umschlag kalligraphisch zu verschönern. Am besten eignet sich ein guter Füller mit blauer Tinte. Achten Sie immer auf das wertige Gesamtbild. Im schlimmsten Fall benutzen Sie die gute alte Schreibmaschine.

Tipp 4: Briefmarke statt Frankiermaschine

Frankiermaschinen sind praktisch. Allerdings passen maschinell frankierte Briefe nicht zu dem Image, das sich Ihr Brief verdienen soll. Nutzen Sie Briefmarken!

Tipp 5: Keine Prospekte

Halten Sie sich vor Augen, wie wohl ein Brief aussehen würde, den ein Top-Entscheider dem anderen schreibt. Er wird Wert auf persönlichen Stil und edle Gesamtanmutung legen. Und ganz bestimmt wird er keine Werbematerialien oder Broschüren beilegen! Und das tun Sie auch nicht! Legen Sie auf keinen Fall Ihrem Brief Prospekte, eine Hochglanzmappe oder ähnliche unpersönliche Massendruckwaren bei. Solches Beiwerk lenkt vom Inhalt Ihres Briefes ab und vermittelt ebenfalls den Eindruck einer Massenaussendung. Und beides wollen Sie bestimmt nicht.

Tipp 6: Verzichten Sie auf Ihr Briefpapier

Den folgenden Tipp umzusetzen, wird allen schwerfallen, die gelernt haben, wie wichtig die Corporate Identity (CI) ist, also die stete Nutzung des festgelegten Firmenbildes in der Außenkommunikation. Denn in den meisten

Fällen ist es ratsam, *kein* Briefpapier des Unternehmens zu verwenden. Vor allem dann, wenn im Namen oder Logo des Unternehmens Art und Umfang Ihres Angebotes erkennbar ist. Wenn sie also „Fritz EDV- und Systemberatung GmbH" heißen, dann verzichten Sie besser komplett auf den Firmennamen. Denn Sie wollen ja mit dem Entscheider über seine Themen sprechen. Wenn er im Vorfeld delegiert, weil er Sie wegen des Firmennamens oder Logos in eine Schublade gesteckt hat, dann ist das ungünstig. Stattdessen nehmen Sie ein etwas stärkeres Blanko-Papier, leicht geriffelt, mit Wasserzeichen. Zum Stil: Der Stil Ihres Briefes sollte eher einer Bewerbung entsprechen und weniger einem typischen Werbeschreiben; eher einer Einladung zum Bundespresseball und nicht der Information über die neuesten Preise für Tonerkassetten.

Zugegeben: Die meisten dieser Ratschläge sind so ziemlich das Gegenteil dessen, was Sie vermutlich bisher gemacht haben. Und das ist genau der gewünschte Effekt. Sie möchten sich abheben, Wirkung erzielen und nicht vorzeitig aussortiert werden. Sie wollen zeigen, dass Sie dazugehören und dem Entscheider etwas mitzuteilen haben – auf Augenhöhe. Das erreichen Sie nur, wenn Sie sich zutrauen, außergewöhnlich aufzutreten, das Besondere zu bieten und individuell vorzugehen. Nur Mut!

4.2 Das erste Telefonat: 8 Sekunden Zeit – mehr nicht!

Nach dem Brief folgt in der Regel das erste Telefonat. Pünktlich zur vereinbarten Zeit wählen Sie die Nummer des Entscheiders. Sind Sie auch gut vorbereitet? Wenn Sie die folgenden Regeln einhalten, dann schon.

Lassen Sie uns aber zunächst einmal das Standardverhalten eines Verkäufers betrachten. Bisher haben vielleicht auch Sie eine Eröffnung wie die folgende gewählt:

- „Guten Tag Herr Dr. Wackhaussen. Hier spricht Karl Müller von XYZ-Computer. Wie geht es Ihnen? Ja, mir geht es auch gut. Haben Sie meinen Brief von letzter Woche erhalten? Nein? Oh, dann muss er wohl verloren gegangen sein. Der Grund meines Anrufs ist, dass ich Ihnen sagen wollte, dass XYZ-Computers der führende Anbieter von Lösungen ist. Ich bin sicher, dass wir Sie in einem zwanzigminütigen Gespräch von unseren Vorzügen überzeugen können. Wäre eher der Montagnachmittag oder doch der Dienstagvormittag ein guter Termin für Sie?"

Oder so ähnlich. Solche Formulierungen sollten Sie künftig nicht mehr verwenden. Denn der Erfolg ist bescheiden.

Mit der Eröffnung die Welt des Entscheiders betreten

Mit Ihren Eröffnungssätzen verfolgen Sie ab sofort ein ganz anderes Ziel. Sie wollen jetzt eben *nicht* etwas an den Entscheider verkaufen, ihn von etwas überzeugen oder zu einem Treffen überreden. Vielmehr hat Ihre Eröffnung nur den Zweck, etwas zu sagen, bis Ihr Gegenüber am Telefon etwas sagt. Hinzu kommt, dass Sie mit Ihrer Eröffnung zwei Dinge *vermeiden* wollen. Auf keinen Fall wollen Sie

- Ihren Ansprechpartner langweilen und ihm das Gefühl geben, dass Sie seine Zeit verschwenden.
- Ihren Ansprechpartner belehren oder ihm mitteilen, dass er bisher etwas falsch gemacht hat.

Nicht sinnvoll ist es, Ihren Gesprächspartner gleich zu Beginn fragen, ob er sich schon Gedanken gemacht hat, wie viel Kosten er sparen könnte, wenn er Ihr Produkt nutzt oder Ihre Dienstleistung in Anspruch nimmt. Entscheider beschäftigen Mitarbeiter, die sich über diese Aspekte gefälligst Gedanken machen sollen und die dafür nicht schlecht bezahlt werden. Und darum werden Sie an diese Mitarbeiter verwiesen, wenn Sie so eröffnen. Einer der schlimmsten Albträume für einen Entscheider ist, dass er genötigt wird, Zeit mit Verkäufern am Telefon zu verschwenden, die offenbar keine Ahnung davon haben, welche Probleme sich auf seinem Schreibtisch türmen. Und darum wird er Sie bei einer Eröffnung wie der obigen ganz schnell aus der Leitung werfen.

Was ist zu tun? Ihre Eröffnung muss es Ihrem Gegenüber am Telefon erlauben, die Kontrolle über das Gespräch zu behalten und Autorität auszustrahlen.

Der Aufbau Ihrer Eröffnung

- *Nennen Sie den Entscheider beim Namen.*
  Klar, dass auch der Entscheider vor allem seinen Namen (und zwar richtig ausgesprochen!) am liebsten hört. Also fangen Sie damit an. Es mag Ihnen seltsam vorkommen, dass Sie *nicht* zu Beginn Ihren Namen als Antwort auf seine Meldung am Telefon sagen, aber das dürfte nicht das

Einzige sein, was Ihnen an dieser Vorgehensweise zu Beginn seltsam vorkommt.

- *Holen Sie den Entscheider in seiner Situation ab.*
  Sie haben gekämpft, um ihn endlich am Telefon zu haben. Doch Ihr Gesprächspartner muss nicht merken, wie froh Sie darüber sind. Vielmehr unterstreichen Sie seine Wichtigkeit und schmeicheln ihm, indem Sie ihn bei seiner Bedeutung abholen. Also nicht: „Ich freue mich, Sie endlich am Telefon zu haben" – da schwingt sogar eine leise Kritik mit, sondern: „Sie haben wenig Zeit, ich komme gleich zum Wesentlichen."

- *Leiten Sie zum eigentlichen Grund Ihres Anrufs über.*
  Die Headline Ihres Briefes hat entscheidend dazu beigetragen, dass das Telefonat zustande gekommen ist. Knüpfen Sie jetzt inhaltlich an der Kopfzeile an.

- *Bieten Sie Nutzen.*
  Zählbares zählt. Hier verwenden Sie harte Fakten, um den Nutzen des Gesprächs für Ihren Gesprächspartner zu verdeutlichen.

- *Jetzt dürfen Sie sich vorstellen* – Sie müssen es aber nicht.

- *Stellen Sie eine offene Frage* (Abschlussfrage Ihrer Eröffnung).
  Mit einer offenen Frage geben Sie dem Entscheider die Kontrolle über das Gespräch zurück und leiten das Kerngespräch ein.

Und so hört sich Ihre Eröffnung nun an:

- „(1) Herr Dr. Wackhaussen, (2) Sie sind ein gefragter Mann. Lassen Sie uns gleich auf den Punkt kommen. (3) So real wie unser Gespräch, ist, dass (4) die AB-Aktiengesellschaft im vergangenen Jahr mehr als eine Million Euro Umsatzsteigerung durch unsere Mithilfe erreichen konnte. (5) Herr Dr. Wackhaussen, hier spricht Hans Müller von Lösung&Gut. (6) Was ist der beste Weg, um auch <Ihre Firma> in den Genuss dieser Vorteile kommen zu lassen?"

Tipp aus der Praxis

Ändern Sie diesen Text nach Ihren Bedürfnissen ab. Benutzen Sie Worte und Formulierungen, die Ihrem natürlichen Sprachgebrauch entsprechen. Aber halten Sie auf jeden Fall den Aufbau mit den sechs Elementen bei!

Die Eröffnung sollte nicht mehr als acht Sekunden dauern. Wenn es Ihnen bis dahin nicht gelungen ist, den Entscheider zu überzeugen, dass sich das Telefonat mit Ihnen lohnt, haben Sie verloren!

Nehmen Sie sich jetzt bitte gleich ein Blatt Papier und arbeiten Sie Ihre persönliche Entscheider-Eröffnung nach dem Vision Selling aus. Wenn der Text steht, dann lernen Sie ihn auswendig, denn nichts ist schlimmer als am Telefon verlesene Texte. Dadurch schießen Sie sich selbst aus dem Rennen. Als Gegenprobe können Sie sich vor einen Spiegel stellen und sich selbst den Text ins Gesicht sagen. Wenn Sie das ertragen, dann wirkt der Text auch authentisch.

Sobald Sie die Abschlussfrage gestellt haben, endet das Ansprechen und das Verstehen beginnt. Im nächsten Kapitel werden wir uns mit diesem wichtigen Aspekt, der Gesprächsführung auf Augenhöhe, ausführlich beschäftigen. Hier folgen nun einige weitere Aspekte, die vor und rund um die erste telefonische Kontaktaufnahme zu beachten sind.

Benehmen Sie sich wie ein Entscheider

Im persönlichen Kundengespräch können Sie durch Ihre Mimik und Gestik eine Beziehung etablieren und Signale aussenden. Am Telefon bleibt Ihnen nur Ihre Stimme, um Wirkung zu erzeugen. Dadurch spielt der Eindruck, den Sie durch Ihre Stimme erwecken, eine besondere Rolle. Der Zusammenhang von Stimme und Stimmung ist bekannt. In Verkaufsratgebern wird daher immer darauf hingewiesen, dass Sie nun versuchen müssen, über Ihre Stimme eine positive Stimmung zu transportieren und zu erzeugen – eine Stimmung, die Ihren Verkaufsabsichten natürlich zugute kommt. Der klassische Tipp: Sie sollen sich vor dem Telefonat mit Hilfe des Blicks in den Spiegel in eine gute Stimmung bringen.

Tipp aus der Praxis

Führen Sie Ihr Telefonat im Stehen. So funktioniert Ihre Atmung kontrollierter. Sie können auch unter Unsicherheit leichter das Zittern aus Ihrer Stimme abfangen. Einer der Gründe, warum Opern im Stehen gesungen werden ...

Gehen Sie auch hier einen neuen und ungewöhnlichen Weg: An der Stimme Ihres Gesprächspartners erkennen Sie sofort seine Stimmung. Und das gilt natürlich auch umgekehrt. Darum lautet die Kernbotschaft:

- Sie müssen so klingen wie derjenige, den Sie sprechen möchten.

Wenn Sie mit einem Top-Entscheider sprechen möchten, dann sollten Sie auch so klingen, wie jemand, *den der Top-Entscheider sprechen will*. Und das heißt: Sie müssen selbst wie ein Entscheider sprechen. Hier zeigt sich wieder, wie wichtig es ist, dass Sie wissen, wie Machthaber in Unternehmen ticken. Spiegeln Sie die Stimmung Ihres Gegenübers, seien Sie selbstsicher, von sich und Ihrem Angebot überzeugt, ohne anmaßend zu sein.

Natürlich – das ist kein Kinderspiel und bedarf des Trainings. Wichtig ist Ihre grundsätzliche Einstellung. Konzentrieren Sie sich nicht auf Ihre Stimmung, sondern auf Ihren Gesprächspartner am Telefon.

Tipp aus der Praxis

Machen Sie sich vor Ihrem Anruf fit mit stark überzogenen Bildern. Stellen Sie sich vor, dass Anita Meierfried und auch ihr Chef wirklich ganz ungeduldig auf Ihren Anruf warten. Stellen Sie sich vor, wie Anita Meierfried fünf Minuten vor Ihrem geplanten Gespräch ihren Schreibtisch aufgeräumt und allen möglichen Störern gesagt hat, dass sie jetzt nicht gestört werden will, und nun gespannt auf ihren Anruf wartet.

Sie denken, das sei überzogen? Ich bin Ihrer Meinung. Und genau das hilft. Wenn Sie sich mit diesem Bild der gespannt wartenden Sekretärin und dem erwartungsvollen Entscheider in Stimmung bringen, dann werden Sie am Telefon auch so klingen, wie jemand, der erwartet wird.

Das Ziel ist *nicht* der Termin

Eine große Mehrheit der Verkäufer denkt, dass das Ziel der Akquisition ist, einen Termin zu bekommen. Aber das ist nicht richtig. Das Ziel von Akquisition ist es, neue Kunden und letztlich neues Geschäft zu generieren. Nicht einen Termin zu bekommen. Der Termin ist vielleicht der wahrscheinlichste nächste Schritt, aber eben nicht das Ziel.

Deshalb ist es auch nicht sinnvoll, etwa zu sagen: „Ich würde Ihnen das alles gerne in einem persönlichen Gespräch vorstellen …", denn das klingt nach Zeitdieb. Außerdem können Sie sich auch den Termin ersparen, wenn es keinen Ansatz zur Zusammenarbeit gibt.

Viel sinnvoller ist es also zu fragen: „Herr Entscheider, was ist der nun folgende nächste Schritt, ausgehend von heute bis zu einem in Ihrem Hause umgesetzten <Ihr Angebot>?" Wenn Ihr telefonisches Gegenüber nun sagt: „Da müssten wir uns treffen": Prima. Dann haben Sie Ihren Termin. Oder Sie lernen, was er sonst denkt.

Kurz: Wenn Sie einen Termin wollen, dann ist es wahrscheinlich, dass Sie ihn bekommen. Wenn Sie einen Auftrag anstreben, dann wird das wahrscheinlicher. Was streben Sie an?

Barrikaden aus dem Weg räumen

Sie haben sich jetzt einen Eröffnungstext oder Eröffnungstexte zurechtgelegt, die genügen, um mit jedem Entscheider dieser Geschäftswelt telefonieren zu können. Dann ist´s ja jetzt ganz leicht! Das stimmt natürlich leider nicht. Vielmehr müssen Sie damit rechnen, auf dem Weg zum Ohr Ihres Wunschkunden einigen Stolpersteinen zu begegnen, die ausgelegt wurden, um ihn zu entlasten und möglichst wenige Boten von außen zu ihm durchdringen zu lassen. Die gute Nachricht ist aber: Diese Stolpersteine lassen sich zumeist beiseite räumen.

Den Wächter der Chef-Etage als Verbündeten gewinnen

In der Praxis kommt es sehr häufig vor, dass Sie zuerst mit der Assistenz des Entscheiders sprechen. Versuchen Sie bitte nicht, die Assistenz zu umgehen! Sprechen Sie so mir ihr, wie Sie mit ihrem Chef oder ihrer Chefin auch sprechen würden. Behandeln Sie sie wie eine wertvolle „rechte Hand" des Entscheiders, die seinen Arbeitsbereich genau kennt und mit ihm zusammen die Verantwortung trägt. Sie können dazu den Eröffnungstext nutzen, den Sie für den Chef vorbereitet haben:

„(1) Frau Meierfried, (2) Sie sind eine viel beschäftigte Frau. Lassen Sie uns gleich auf den Punkt kommen. (3) So real wie unser Gespräch, ist, dass (4) die AB-Aktiengesellschaft im vergangenen Jahr mehr als eine Million Euro Umsatzsteigerung durch unsere Mithilfe erreichen konnte. (5) Frau Meierfried, hier spricht Hans Müller von Lösung&Gut. (6) Was ist der beste Weg, um auch <Ihre Firma> in den Genuss dieser Vorteile kommen zu lassen?"

Entweder Sie treffen auf eine engagierte Top-Assistenz, die kompetent mit Ihnen über Ihr Anliegen spricht und versteht, warum Sie für ihren Chef wichtig sind. Und dann wird sie Ihnen Zugang zum Entscheider verschaffen und Sie verbinden – vielleicht sogar mit einer Empfehlung nach dem Motto: „Herr Dr. Wackhaussen, da möchte Sie jemand sprechen, der das brennende Problem XY richtig versteht und eine Lösung hat!"

Die zweite Möglichkeit: Das Thema überfordert die Assistenz und sie wird Sie gerne direkt an Dr. Wackhaussen „delegieren".

Wenn Sie mit der Assistenz sprechen, fragen Sie nicht: „Was denkt Dr. Wackhaussen über <Ihr Thema>?", sondern, „Was sagen Sie zu <Ihr Thema>?" Verhalten Sie sich so, als seien Sie sicher, bereits jetzt mit der richtigen Person über Ihr Anliegen zu sprechen. Damit erzeugen Sie den Entscheidungsdruck, dass die Assistenz handeln wird – in einem der beiden Wege, die wir beschrieben haben.

Argumentieren Sie mit „sanfter Gewalt"

„Wollen Sie uns Produkte verkaufen?" – Im Gespräch mit der Assistenz könnte Ihnen eine Frage wie diese begegnen. Die Gefahr ist, dass Sie aussortiert werden, weil die Assistenz denkt, dass Ihr Anliegen besser von einem Mitarbeiter im Kundenunternehmen bearbeitet werden sollte: „Dr. Wackhaussen setzt sich nicht mit diesem Problem auseinander, er hat Wichtigeres zu tun", denkt die innere Stimme. Und dann landen Sie in der Fachabteilung.

Um das zu vermeiden, sollte Ihre Antwort in etwa wie folgt lauten:

- „Lassen Sie uns realistisch sein: Wenn ich es darauf anlegen würde, lediglich ein paar <Ihr Produkt/Ihre Dienstleistung> zu verkaufen, dann müsste ich wohl kaum mit Dr. Wackhaussen sprechen, oder?"

Tipp aus der Praxis

Wenn Sie dann noch immer nicht zu „Ihrer Zielperson" durchdringen können, bleibt Ihnen nur eine letzte Eskalationsstufe: Sagen Sie sehr ruhig und ohne provozierenden Unterton, sondern eher besonders entspannt und langsam:

- „Frau Meierfried, möchten Sie wirklich verhindern, dass Ihre Firma in den Genuss der Vorteile kommt, die ich gerade beschrieben habe?" oder

- „Möchten Sie wissentlich verhindern, dass Dr. Wackhaussen <Ihr Nutzenversprechen> erreicht?"

Senden Sie Ihrer Zielperson ein Fax
Die Erfahrung zeigt: Häufig scheitern die Kalt-Akquisition und die telefonische Entscheider-Ansprache, weil die Assistenz die strikte Anweisung hat, keine Anrufe von unbekannten Anrufern durchzustellen. Sie bekommen dann meistens Sätze zu hören wie: „Ich notiere Ihre Nummer, und wenn es interessant für uns ist, melden wir uns." Erfolgt dann kein Rückruf, sollten Sie einen Schritt weiter gehen: Senden Sie ein Fax an die direkte Nummer des relevanten Entscheiders. Allerdings nicht eines mit Ihrem Briefkopf und einem netten Anschreiben, sondern ein ganz bestimmtes Formular:

Datum: _____   Uhrzeit: _____

Wichtige Anrufe heute

Name: _____

Firma: _____

Nummer: _____ / _____

❏ Hat angerufen

❏ Wollte Sie treffen

❏ Bitte Rückruf am _____ um _____

❏ Meldet sich wieder

❏ Bittet um Antwort

Mitteilung: _____
_____
_____
_____
_____
_____

Abb. 6: Beispiel für ein Faxanschreiben, um zum Zielkunden durchzudringen

Einen solchen Faxbogen finden Sie für Ihre eigene Arbeit online zum Download unter www.visionselling.de.

Verzichten Sie in jedem Fall auf Ihr Logo oder andere Hinweise darauf, dass das Formular von Ihnen kommt. Und so gehen Sie vor:

- Sie füllen das Formular handschriftlich aus. Dabei tragen Sie das Datum und die Uhrzeit Ihres Anrufes oben ein. Auch Ihr Name und Ihre Firma sowie Ihre Telefonnummer dürfen nicht fehlen.
- Am besten, Sie kreuzen „Bitte Rückruf" an und setzen die gewünschte Zeit ein.
- Tragen Sie unter „Mitteilung" die Headline Ihres Akquisitionsbriefes ein.
- Senden Sie das Formular ohne weitere Deckblätter oder Erläuterungen an die Faxnummer Ihres Zielkunden. Die Wahrscheinlichkeit, dass darauf eine Reaktion erfolgt, ist sehr hoch!

Ja, das ist eine provokante Vorgehensweise – aber gerade diese imponiert oder amüsiert Top-Entscheider, die ja auch nicht auf der warmen Butter dahin geflossen sind, wo sie heute stehen. Machen Sie sich nur im Zweifel darauf gefasst, dass die Reaktion heftig ausfallen kann. Na und? Wenn Sie das jetzt gut auffangen, haben Sie eine Feuerprobe schon bestanden!

Geben Sie sich selbst in die Post
Bestimmt kennen Sie diese „Abwimmel-Technik": Anita Meierfried will Sie mit dem Satz abspeisen: „Können Sie uns noch mehr Informationen zusenden?" Fallen Sie nicht darauf herein! Versuchen Sie es mit dieser Antwort:

- „Für Sie steht ein äußerst überzeugendes Informationspaket bereit. Es wiegt rund 78 kg, ist 1,76 m lang und heißt Hans. Wann soll ich bei Ihnen eintreffen?"

Damit werden Sie die Lacher auf Ihrer Seite haben. Klar, dass Sie bei den Angaben zu Gewicht, Größe und Vornamen Ihre Daten verwenden. Vor Humor und der richtigen Portion Gewitztheit haben schon so manche „Türsteher" ihre Waffen gestreckt. Versuchen Sie es doch einfach einmal.

Wichtig ist und bleibt: Gehen Sie ungewöhnliche und kreative Seitenwege, auf denen Sie kaum Gefahr laufen, einem Konkurrenten zu begegnen, der dieselbe Vorgehensweise anwendet wie Sie. Daher sind alle Tipps in diesem Buch ungewöhnlich und neuartig. Wenn Sie nur das tun, was alle tun, werden Sie auch nur das erhalten, was alle erhalten: im besten Fall ein nettes Telefonat mit der Assistenz – und das war's dann. Diese Tipps werden nicht von jedermann angewendet und auch nicht angewendet werden können, sie überraschen Ihren Gesprächspartner – und imponieren ihm darum auch häufig.

Ihre Kreativität wird immer dann Fortschritte machen, wenn Sie spielerisch an die Sache, etwa eine Problemlösung, herangehen. Dafür gibt es viele Methoden, die wir hier nicht weiter ausführen können, wie: Geheimsprachen entwickeln, Unsinnsgespräche ausdenken, Analogien herstellen, Dinge aus einer vollkommen neuen Perspektive betrachten. Der Journalist Robert Wieder hat einmal gesagt: „Jedermann kann sich über Mode in einer Boutique oder über Geschichte in einem Museum informieren. Der kreative Entdecker sucht nach Geschichte im Eisenwarenladen und nach Mode im Flughafen."

Warum ich das alles schreibe? Weil ich Sie darauf vorbereiten will, dass Sie jetzt extrem ungewöhnliche Vorschläge aus dem Vision Selling erhalten werden, sich schlussendlich noch den Weg zum Entscheider frei zu kämpfen.

Verschärfen Sie die Gangart

Den Königsweg zu allen Entscheidern in allen Unternehmen gibt es nicht. Und darum wird es immer wieder vorkommen, dass es Ihnen einfach nicht gelingt, zu einem bestimmten Ansprechpartner vorzudringen. Es will einfach kein Telefongespräch mit Ihrem Wunschkunden zustande kommen. Jetzt gibt es für Sie noch zwei Möglichkeiten: Entweder Sie geben auf, weil Sie inzwischen der Meinung sind, dass andere Kunden leichter zu erreichen sind. Oder Sie verschärfen die Gangart. Schließlich ist es nicht gerade höflich, Sie zu ignorieren. So viel Selbstbewusstsein haben Sie doch! Schließlich kennen Sie seinen Engpassfaktor recht genau und haben eine Lösung anzubieten, die seine Vision verwirklicht: Mit ihr kann Dr. Wackhaussen seinen Engpassfaktor beseitigen.

Ich stelle Ihnen zwei Wege vor, die sich in der Praxis bewährt haben. Allerdings sollten Sie darauf vorbereitet sein, nicht nur freundliche Antworten zu bekommen. Aber dann wissen Sie wenigstens endgültig, dass Sie Ihre wertvolle Zeit lieber anderen Kunden widmen sollten.

Idee 1: Lieber Gott
Diese Eskalationsmethode eignet sich vor allem dann, wenn Sie von der Assistenz immer wieder mit fadenscheinigen Argumenten abgewimmelt wurden. Dann schreiben Sie einfach einen kurzen Brief oder ein E-Mail mit diesem Text:

Sehr geehrter Herr Dr. Wackhaussen,

wann immer ich will, spreche ich mit meinem Gott.
Warum nur lässt mich Anita Meierfried nicht mit Ihnen sprechen?

Mit freundlichen Grüßen
Ihr Name

Abb. 7: Beispiel für ein Eskalationsschreiben

Ich selbst habe diese Variante bereits einige Male angewendet. Die Erfolgsrate kann sich durchaus sehen lassen.

Idee 2: Pressemitteilung
Wenn Sie von der Assistenz gesagt bekommen, dass kein Interesse an einem Gespräch mit Ihnen besteht, dann ist die folgende Methode sehr wirksam: Wenn also die Aussage lautet „Kein Bedarf", dann fragen Sie ruhig nach, ob Sie das zitieren dürfen. Nun könnte es sogar sein, dass Sie doch noch ans Ziel gelangen. Oder die Assistenz sagt sinngemäß: „Das können Sie zitieren oder auch nicht, aber lassen Sie mich in Ruhe".

Ab hier haben Sie zwei Möglichkeiten. Entweder Sie lassen es gut sein und akzeptieren, dass hier offenbar kein Ansatzpunkt besteht. Oder Sie texten eine Pressemitteilung nach dem Muster auf Seite 82.

Diese „Pressemitteilung" führt so gut wie immer zu einem Gespräch mit dem Entscheider. Allerdings, wie schon angedeutet, kann dieses Gespräch auch sehr ablehnenden Inhaltes sein. Spätestens dann wissen Sie jedoch, woran Sie sind, und die Alternative, nämlich gar kein Feedback zu erhalten, ist auch nicht angenehmer. Keine Antwort auf Ihre Bemühungen ist ein „Nein". Jeder Kontakt ist besser als das – wenn Sie es zudem schaffen, die Provokation im dann folgenden persönlichen Gespräch mit Humor und Kompetenz aufzulösen, sind Sie auf der Siegerstraße!

> **Kein Interesse an <Ihr Nutzenversprechen>**
>
> <Name des Entscheiders>, <seine Position> der <Firmenname>, lässt mitteilen, dass er nicht an <Ihr ausführliches Nutzenversprechen, wie in der Kopfzeile Ihres Entscheider-Briefes verwendet> interessiert sei.
>
> „Es gibt Unternehmen in der <Branche des Entscheiders>, die mit Ihrem aktuellen <Punkt, den Sie verbessern wollen> zufrieden sind", meint <Ihr Name>, <Ihre Position> <Ihre Firma>. Allerdings sei dies häufig auf Missverständnisse zurückzuführen.
>
> „Schließlich wimmelt es nur so von unseriösen Anbietern, da kann es schon einmal vorkommen, dass man routinemäßig abgelehnt wird", räumt <Ihr Nachname> ein.
>
> Abdruck frei. Bei Veröffentlichung Belegexemplar erbeten

Abb. 8: Beispiel für ein Eskalationsschreiben als Pressemitteilung

Ganz sicher wird Ihnen Ihre Kreativität noch weitere Maßnahmen zur Eskalation liefern. Als Faustregel gilt: *Bleiben Sie immer auf Augenhöhe!* Schließlich haben Sie sich die Mühe gemacht, einen Kunden zu erforschen, sich in dessen spezifische Problematik eingearbeitet und einen individuellen Brief verfasst. Da ist es ja wohl bei aller Zeitknappheit ein Gebot der Höflichkeit, dass sich der Angesprochene kurz äußert. Auch, wenn es sich um einen Top-Entscheider handelt.

Im Telefonat mit dem Entscheider Empfehlungen akquirieren

Wenn Sie „Ihre Zielperson" anschreiben oder anrufen und dabei auf einen anderen Top-Entscheider verweisen können, haben Sie immer bessere Karten. Denn Frauen und Männer in der geschäftlichen Plüschetage kennen meist auch viele andere, die ebenfalls dort angekommen sind. Nutzen Sie also den Kontakt zu bestehenden Kunden, um Hinweise auf Entscheider zu erhalten, denen Sie ebenfalls eine Lösung für ein brennendes Problem bieten können:

- Fragen Sie im Gespräch nach einem „Kollegen in ähnlicher Situation" und notieren Sie sich die Zielfirma (gemäß Ihres Wunschkundenprofils).
- Erfragen Sie, welche aktuellen „wesentlichen Themen" dort derzeit angepackt werden (müssen).

- Falls Sie bis dahin nicht sowieso den Namen Ihres künftigen Ansprechpartners erhalten haben: Finden Sie den Namen des Entscheiders in der Zielfirma heraus, und zwar inklusive des Namens und der Telefonnummer der Assistenz.
- Und dann rufen Sie dort an.

Machen Sie es Ihrem Kunden, dem Empfehlungsgeber, so einfach wie möglich. Der folgende Mustertext enthält alle Informationen, die Ihr Adressat erhalten sollte:

Herr Dr. Wackhaussen, während der letzten xx Monate haben wir Ihrer Organisation dabei geholfen, <Ihr Beitrag>.

Könnten Sie mir einen Gefallen tun?
Wer aus Ihrem Umfeld (Lieferanten/Kunden/Partner/Geldgeber) könnte ebenfalls Gewinn aus einer Zusammenarbeit mit uns ziehen?
Würden Sie bitte <Entscheider2> anrufen und ihm einen Eindruck von unserer Zusammenarbeit geben? Und ihn darauf aufmerksam machen, dass ich ihn am kommenden XXXtag um 11:35 anrufe?
Bitte lassen Sie mir den Namen und die Telefonnummer zukommen.

Abb. 9: Beispiel für eine schriftliche Empfehlungs-Nachfrage

Wenn Sie schon wissen, wen Sie akquirieren werden, nutzen Sie diesen Text:

Herr Dr. Wackhaussen, während der letzten xx Monate haben wir Ihrer Organisation dabei geholfen, <Ihr Beitrag>.

Wie ich inzwischen herausgefunden habe, ist <neues Zielkundenunternehmen> einer Ihrer wichtigsten Kunden/Lieferanten/Partner/Schwesterorganisationen/Aufsichtsratsmitglieder.
Könnten Sie mir einen Gefallen tun? Würden Sie bitte Frau Dr. Münken (<Entscheider2>) anrufen und ihr einen Eindruck von unserer Zusammenarbeit geben? Und sie darauf aufmerksam machen, dass ich sie am kommenden XXXtag um 11:35 anrufe?

Abb. 10: Beispiel für eine schriftliche Empfehlungs-Nachfrage betreffend einen spezifizierten Zielkunden

Dies sind selbstverständlich nur Beispiele. Formulieren Sie den Text für Ihre Bedürfnisse um und passen Sie ihn Ihrem Sprachstil an. Und wenn Sie zu den Verkäufern gehören, die daran zweifeln, dass sich eine so wichtige Person wie Dr. Wackhaussen um Ihr Empfehlungsmarketing kümmert, bedenken Sie: Voraussetzung ist ja, dass Sie ihm dabei geholfen haben, ein wirklich bedeutendes Problem zu lösen. Und darum wird er sich die Zeit nehmen, für Sie einen Anruf zu machen – oder beim nächsten Golftermin auf Ihre Leistungen zu sprechen zu kommen.

Muster für einen Empfehlungsanruf (auf Anrufbeantworter)

Es könnte ja auch sein, dass Sie auf einer Sprachmailbox landen. Für diesen Fall bietet sich dann eine Nachricht dieser Art an:

> Guten Tag Herr Entscheider,
> <Empfehlung> hat mich gebeten, <Ihren Mitarbeiter>, den <Funktion des Mitarbeiters> zu kontaktieren.
> Unser Register an <Was Ihr Hauptnutzen ist> in < Branche des Entscheiders> ist sehr umfangreich.
> Bevor wir <Ihren Mitarbeiter> involvieren, möchten wir mit Ihnen abstimmen, ob <wesentliches Thema> im Moment im optimalen Zustand ist. Bitte lassen Sie uns in der Zeit <von-bis Datum> gegen <Uhrzeit> Ihre Anregungen wissen, damit wir <Ihren Mitarbeiter> zu gegebener Zeit nach Kräften unterstützen können.
> Mein Name ist <Name> und Sie erreichen mich unter
> 017x/8880000
> Ich wiederhole 0-1-7-x-8-8-8-0-0-0-0

Abb. 11: Beispiel für einen Empfehlungsanruf

Selbstverständlich können Sie diesen Text auch in abgewandelter Form für einen Anruf oder eine schriftliche Kontaktaufnahme per E-Mail oder Brief verwenden.

Gründe, warum das nicht klappt

Aus vielen Seminaren weiß ich, dass das Einholen von Empfehlungen vielen, selbst erfahrenen Verkäufern oft undurchführbar erscheint. Sie suchen und finden Gründe, warum es nicht klappen kann:

- Im Moment geht das nicht, weil wir ernsthafte Probleme mit diesem Kunden haben.
- Ich glaube nicht, dass der Kunde relevante Personen in meinem Gebiet kennt.
- Das ist zu sehr „vertrieblermäßig".
- Der Kunde wird diese Art von Informationen kaum an einen Verkäufer geben.
- Diese Art von Information ist vertraulich, und deshalb kann ich nicht danach fragen.
- Wenn der Kunde mir solche Informationen geben wollte, würde er es tun, ohne dass ich ihn danach frage.
- Ich habe genügend Projekte am Laufen. Ich brauche keine neuen.

So, jetzt müssen Sie keine Gründe mehr suchen, warum es nicht klappt. Es sind schon alle gefunden. Sie können sich jetzt voll auf das Gelingen Ihrer Empfehlungsanrufe konzentrieren!

> **Übung: Entwerfen Sie einen Gesprächsleitfaden**
>
> Übertragen Sie die zahlreichen Tipps und Hinweise auf Ihre persönliche Situation: Welche Hinweise können Sie nicht gebrauchen? Welche übernehmen? Welche müssen Sie abändern, damit sie zu Ihrer Ausgangslage passen?
>
> Entwerfen Sie einen Gesprächsleitfaden für das erste Telefonat mit dem Entscheider. Und dann ab ans Telefon!

Einwände von Blockierern entkräften

Wie Sie auf den vorigen Seiten schon gesehen haben, benötigen Sie auf Ihrem Weg zum Top-Entscheider früh Strategien und Techniken zur Entkräftung von Einwänden. Allerhand Blockierer und Verhinderer werden Ihnen nämlich Einwände entgegenschleudern. Ihre Kompetenz zur Einwandbehandlung ist also vor allem dann wichtig, bevor Sie dem Entscheider gegenübertreten: etwa, wenn Sie sich am Telefon mit den Fachverantwortlichen auseinander setzen oder andere Mitarbeiter von Ihrer Problemlösung überzeugen müssen. Die folgenden Beispiele für Strategien und Techniken zur Einwandbehandlung finden dann natürlich auch im Entscheider-Gespräch Anwendung.

Die schrecklichen Fachverantwortlichen

In der berühmten Erzählung von Franz Kafka „Vor dem Gesetz" wird von einem Türhüter erzählt, der einem Mann vom Lande, der um Einlass bittet, den Eintritt verwehrt. Er warnt den Mann: „Wenn es dich so lockt, versuche es doch, trotz meines Verbotes hineinzugehn. Merke aber: Ich bin mächtig. Und ich bin nur der unterste Türhüter. Von Saal zu Saal stehn aber Türhüter, einer mächtiger als der andere. Schon den Anblick des dritten kann nicht einmal ich mehr ertragen."

Wenn Verkäufer nicht zum Entscheider „vorgelassen werden", liegt dies häufig an den Aktivitäten der so genannten Fachverantwortlichen, die aus nicht immer ersichtlichen Gründen unterbinden wollen, dass der Verkäufer selbst mit dem Top-Entscheider spricht. Glaubt man, den ersten Türhüter umgangen oder gar für sich gewonnen zu haben, wartet schon der nächste Blockierer. Typische Aussagen, mit denen Sie dann konfrontiert werden, sind:

- „Unser Geschäftsführer hat mich mit der Entscheidung beauftragt!"
- „Sicher können Sie mit meinem Chef sprechen. Allerdings glaube ich, dass Sie mit dieser Aktion Ihre Chancen sehr verschlechtern werden …"
- „Mein Chef will von solchen Details nichts wissen …"

Aussagen wie diese deuten mit hoher Wahrscheinlichkeit darauf hin, dass Sie von einem Beeinflusser oder einem Empfehler blockiert werden. Bei nüchterner Betrachtung gibt es jedoch kaum einen nachvollziehbaren Grund, warum ein ernst zu nehmender Lieferant mit einem Entscheider nicht sprechen sollte. Versuchen Sie darum, auf jeden Fall zumindest ein kurzes Sondierungsgespräch mit dem Entscheider führen zu können. Aber zunächst einmal gilt es, den oder die Türhüter zu umgehen.

Die Methode „Qualitätsprozess"
Sie legen sich diesen Text zurecht:

- „In verschiedenen Untersuchungen haben wir festgestellt, dass die Qualität unserer Projekte erheblich steigt, wenn wir bereits in einer frühen Phase mit dem späteren Entscheider gesprochen haben. Deshalb haben wir in unserem Qualitätsprozess verbindlich verankert, dass wir dieses Gespräch führen. Jetzt ist der richtige Zeitpunkt dafür. Möchten Sie diesen Termin mit Ihrem Chef vereinbaren oder soll ich mich selbst darum kümmern?"

Die Methode „Mein Chef sagt ..."
Sie hinterlassen auf dem Anrufbeantworter Ihres Gesprächspartners (des Blockierers) folgenden Text:

- „Mein Chef hat mir gesagt, er will Ihrem Chef einen Brief schreiben und Ihr Name soll darin vorkommen. Rufen Sie mich bitte zurück."

Auf diese Weise können Sie auch dann mit einem Rückruf rechnen, wenn jener Blockierer sich in seinem Rückrufverhalten in letzter Zeit als äußerst unzuverlässiger Kantonist entpuppt haben sollte. Im Gespräch selbst gehen Sie so vor:

- „Ich kann meinen Chef leider nicht kontrollieren. Aber wenn wir zusammenarbeiten und gemeinsam den Termin bei Ihrem Chef durchführen, wird mein Chef bestimmt auf weiteres Herumbohren verzichten."

Beide Methoden bedienen sich des Prinzips der unbeteiligten „dritten Macht": „Wenn es nach uns ginge ... Aber uns fragt ja keiner." Auf diese Weise können Sie Ihren Wunsch nach dem Kontakt mit dem Entscheider durchsetzen, ohne die Beziehung zu Ihrer „Kontaktperson" unnötig zu belasten.

Einwände in der Akquisitionsphase entkräften

Sie sind Verkäufer – auch wenn auf Ihrer Visitenkarte „Account Manager", „Berater" oder etwas Ähnliches zu lesen ist. Deshalb ist es klar, dass Sie mit Engagement und bestimmt sogar Herzblut bei der Arbeit sind. Jede Art von Rückschlag oder Ablehnung ist deshalb für Sie wahrscheinlich mit Schmerzen verbunden.

Bleiben Sie bei Ablehnung gelassen
Menschen tendieren dazu, in kritischen Situationen instinktiv zu reagieren. Gute Verkäufer wissen, dass das nicht hilfreich ist – reagieren Sie daher möglichst gelassen:

- Bleiben Sie ruhig.
- Reagieren Sie nicht im Affekt.
- Improvisieren Sie nicht.
- Vermeiden Sie Panikreaktionen.

Folgen Sie diesen einfachen Anweisungen, wenn Ihr Gegenüber sagt, dass

- Ihr Produkt die Anforderungen nicht erfülle,
- Ihr Preis zu hoch sei,
- Ihre Reputation nicht ausreiche oder
- Ihre Qualität zweifelhaft sei.

Der richtige Umgang mit Blockierern, Verhinderern und Bedenkenträgern

- *Regel 1: Alles, was Ihr Gesprächspartner sagt, hat einen Wert.*
  In jeder Anmerkung – auch noch der gemeinsten und hinterhältigsten – des Blockierers steckt ein Hinweis für Sie, wie Sie weiter vorgehen sollten. Vermeiden Sie daher Streit, Kämpfe und unsachliche Auseinandersetzungen. Vermeiden Sie unbedingt den „Einwandbehandlungs-Klassiker" „Ja, aber ...". So fordern Sie den Gesprächspartner nur zum Widerspruch auf. Lassen Sie sich nicht auf Details ein – jedes Detail birgt nur die Gefahr einer weiteren Komplikation.

- *Regel 2: Vergleichen Sie die Einwände mit Ihrer eigenen Erfahrung als Verkäufer.*
  Ist der Einwand etwas, was Sie noch nie unter Kontrolle bekommen haben? Ist es ein ganz neuer Einwand? Oder ist es ein Einwand, den Sie vorher schon einmal gehört haben? Die Wahrscheinlichkeit ist groß, dass Sie diesen Einwand schon einmal gehört haben – und Sie seinerzeit einen Ausweg gefunden haben, so dass Sie das Geschäft doch noch abschließen konnten.

- *Regel 3: Analysieren Sie den Einwand.*
  Ist der Einwand verständlich? Könnten Sie sich vorstellen, einen ähnlichen Einwand zu formulieren, wenn Sie in der Situation des Blockierers oder Bedenkenträgers wären?
- *Regel 4: Beachten Sie die Gesamtsituation, bevor Sie antworten.*
  Beachten Sie: Sie werden wohl nie einen Marktanteil von 100 Prozent haben. Und Sie müssen auch nicht an jeden Menschen, der Ihnen begegnet, etwas verkaufen, um Ihre Umsatzziele zu erreichen. Sie müssen nur die Kunden von den Nicht-Kunden unterscheiden lernen.
- *Regel 5: Beurteilen Sie niemals den Einwand.*
  Stellen Sie ihn stattdessen in Frage.

In den vielen Jahren, in denen ich beruflich mit Widerspruch, Einwänden und Ablehnung konfrontiert wurde, haben sich einige wesentliche Erkenntnisse herausgebildet, die in das System Vision Selling eingeflossen sind:

- *Es gibt keine sinnvolle „Einwandbehandlung"*: „Ich verstehe, was Sie sagen. Andere unserer zufriedenen Kunden haben das auch bereits gesagt. Bitte beachten Sie ..." – blah, blah blah. Entschuldigung: All das klingt vorbereitet. Glatt. Unglaubwürdig.
- *Es ist wichtig zu verstehen, was gemeint ist*: Einwände – oder Vorwände, was manche Verkaufstrainer noch unterscheiden – sind zunächst Aussagen. Lange bevor Sie darüber nachdenken, wie Sie diese entkräften, sollten Sie wirklich verstanden haben, was Ihr Gesprächspartner damit meint, also aussagen will.
- *Jeder Vorschlag provoziert einen Rückschlag*: Wenn Sie einen Einwand hören, fragen Sie sich zunächst, ob es sich vielleicht einfach nur um eine Trotzreaktion auf eine Ihrer Äußerungen handelt. Wenn Sie es mal wieder „gut gemeint" haben und im übertragenen Sinne Ihrem Kunden empfohlen haben, sich warm anzuziehen und einen Schal zu tragen, weil es draußen im Markt kalt und unerbittlich ist, dann wundern Sie sich bitte nicht, wenn sein kindlicher Rebell sich rächt und er gegen Ihren (objektiv betrachtet) sinnvollen Vorschlag aus Trotz einen Einwand erhebt. Ich denke dabei an den Fall, dass Sie bezüglich der Branche des Kunden ein düsteres Szenario zeichnen und Ihre Lösung präsentieren. Der Gesprächspartner aber sieht Ihr – eigentlich zutreffendes – Szenario als Bedrohung an – und als der Überbringer der schlechten Nachricht werden Sie bestraft, weil jemand seine sich verdüsternde Laune abbekommen muss.

Nutzen Sie das Wissen der Transaktionsanalyse
Sicherlich kennen Sie das Kommunikationsmodell der Transaktionsanalyse (TA), das von Eric Berne und seinem Schüler Thomas Harris aus Sigmund Freuds psychoanalytischem Strukturmodell vom Es, Ich und Über-Ich abgeleitet wurde. Wer die TA kennt, kann mit den Einwänden der Entscheider, Blockierer und Bedenkenträger besser umgehen, weil er in die Lage ist, ihre Entstehung zu interpretieren. Zur Erinnerung: Eric Berne ging davon aus, dass die Persönlichkeit eines Menschen drei Ich-Zustände repräsentiert. Die drei Ich-Zustände bezeichnete Berne als Eltern-Ich, Erwachsenen-Ich und Kindheits-Ich. Abbildung 12 gibt einen Überblick.

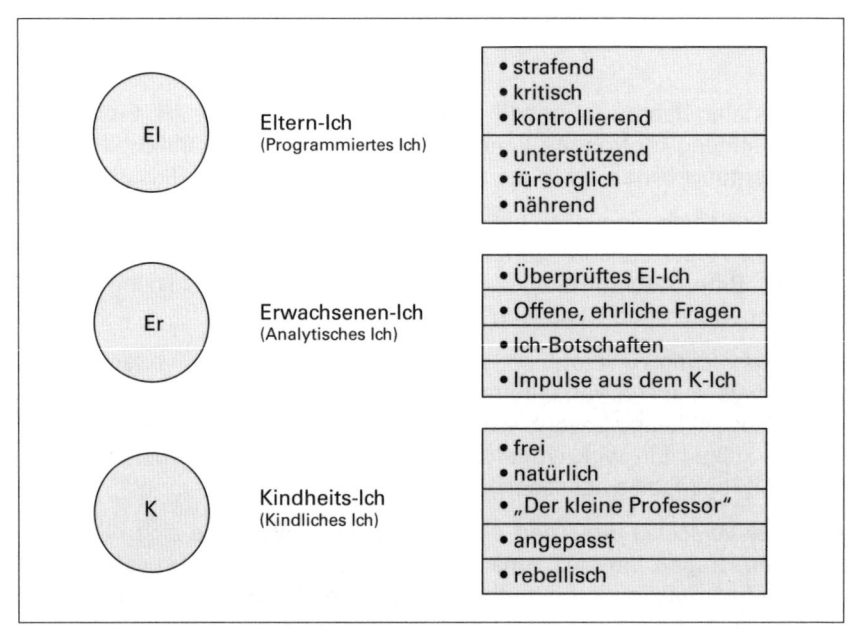

EI	Eltern-Ich (Programmiertes Ich)	• strafend • kritisch • kontrollierend
		• unterstützend • fürsorglich • nährend
Er	Erwachsenen-Ich (Analytisches Ich)	• Überprüftes EI-Ich • Offene, ehrliche Fragen • Ich-Botschaften • Impulse aus dem K-Ich
K	Kindheits-Ich (Kindliches Ich)	• frei • natürlich • „Der kleine Professor" • angepasst • rebellisch

Abb. 12: Die Ich-Zustände laut Transaktionsanalyse

Die Ich-Zustände im Einzelnen:

- Das Eltern-Ich umfasst unsere Wertsysteme, Normen und alles, was wir an Botschaften im Laufe unserer Sozialisation gelernt haben. Es gibt zwei Instanzen: das fürsorgliche und das kritische Eltern-Ich.

- Der Erwachsenen-Ich versucht, im Hier und Jetzt die jeweilige Lebenssituation positiv, sinnvoll und zielorientiert zu gestalten.
- Das Kindheits-Ich schließlich bezeichnet Verhaltensweisen der Persönlichkeit, die wir von Natur aus haben und zuerst als Kinder entwickelt haben. Auch hier gibt es zwei Instanzen: das freie oder natürliche und das angepasste Kindheits-Ich. Dazu gehört auch das rebellische Kindheits-Ich.

Eine Äußerung aus dem Eltern-Ich provoziert in der Regel eine Reaktion aus dem Kindheits-Ich. Unter Erwachsenen, die keine besondere gemeinsame Beziehungshistorie haben – und das ist in der Beziehung zwischen einem Käufer und einem Verkäufer der Fall – ist eine Reaktion aus dem rebellischen Kind sehr wahrscheinlich. Und diese Reaktion äußert sich zumeist als Einwand. Anderes Beispiel: Sie argumentieren auf der Ebene des Erwachsenen-Ichs vernünftig und sachlich, der Blockierer aber fühlt sich angegriffen und reagiert trotzig, indem er aus der Perspektive des Kindheits-Ichs argumentiert. Immer gilt:

- *Regel 1*: Kommunizieren die Gesprächspartner auf derselben Ebene, verläuft das Gespräch problemlos.
- *Regel 2*: Gekreuzte Transaktionen – die Gesprächspartner befinden sich in verschiedenen Ich-Zuständen – hemmen die Kommunikation. Die Gesprächspartner sind gehemmt und fühlen sich unwohl.
- *Regel 3*: Verdeckte Transaktionen sind am problematischsten – wenn also scheinbar auf der sachlichen Ebene kommuniziert wird, aber zugleich auf einer andere Ebene etwas „Verdecktes" mitgeteilt wird.

Wenn Sie in der Lage sind zu beurteilen, in welchem Ich-Zustand sich Ihr Gesprächspartner befindet, können Sie zum einen einschätzen, was er Ihnen mit einem Einwand mitteilen will. Und Sie selbst achten darauf, dass Sie möglichst aus dem Zustand des Erwachsenen-Ichs heraus kommunizieren, indem Sie zum Beispiel offene Fragen stellen, die einen konstruktiven Dialog ermöglichen.

Einwandbehandlungsstrategien nutzen

Am wichtigsten ist meiner Erfahrung nach: Sie müssen den Einwand in Frage stellen, vielleicht auch demaskieren, immer aber beurteilen, was der Gesprächspartner überhaupt gemeint hat. Dazu dienen die folgenden Einwandbehandlungsstrategien – wie immer im Vision Selling ein wenig wagemutiger als gewöhnlich.

Einwandbehandlungsstrategie 1: Verdoppeln Sie den Einsatz
Wenn der Einwand kommt, verdoppeln Sie den Einsatz. Halten Sie die andere Wange hin. Das klingt seltsam? So ist es gemeint: Wenn Sie wirklich verstehen wollen, was mit dem Einwand gemeint ist, dann nutzen Sie eine Technik aus dem Judosport. Dabei wird das Gewicht des Angreifers gegen ihn selbst gewendet und ausgenutzt. Das bedeutet: Sie akzeptieren den Einwand im Konjunktiv und hinterfragen den nächsten Schritt. Nach dem Motto: „Wenn <Einwand> verschwindet, sind wir dann im Geschäft?" Dazu zwei Beispieldialoge:

- *Interessent*: „Danke für das Gespräch und Ihre Präsentation, aber Ihr Preis ist zu hoch. Wenn wir unsere minimale Marge kalkulieren, dann wären die Produkte weitaus zu teuer für unsere Klientel."
- *Sie*: „Okay. Wenn wir unsere Preise so anpassen, dass Sie Ihre Standard-Marge realisieren können, wie viele Einheiten können Sie jetzt und hier beauftragen?"
- *Interessent*: (nach einer Pause) „Nein. Das Problem ist, dass Sie einfach zu nah dran sind an unserem bestehenden Sortiment. Ich glaube, dass …"

Na also! Jetzt kennen Sie die wahren Hintergründe für den Einwand und können etwas damit anfangen (oder auch nicht). Aber Sie müssen nicht mehr mit Windmühlen kämpfen. Wenn es sinnvolle Argumente gegen den wahren Einwand des Blockierers gibt, können Sie jetzt damit loslegen. Nun das zweite Beispiel:

- *Interessent*: „Der Preis für Ihr Seminar Mitte Mai ist einfach zu hoch. Das übersteigt mein Budget."
- *Sie*: „Das ist interessant. Angenommen, das Seminar wäre kostenlos. Könnte ich fest mit Ihrer Teilnahme rechnen?"
- *Interessent*: (Pause) „Na ja. Um ehrlich zu sein … nein. Sehen Sie, ich kann mir nicht vorstellen, zusammen mit meinen Wettbewerbern in einem Seminarraum zu sitzen und Erkenntnisse auszutauschen oder die gleichen Methoden zu lernen."
- *Sie*: „Okay. Dann könnte diese Option für Sie interessant sein: Unser E-Learning-Angebot …"

Jetzt können Sie auf die wahren Hinderungsgründe reagieren, statt auf die falschen, vorgeschobenen Gründe antworten zu müssen. Auf eine Gefahr müssen wir noch eingehen: Sie haben den Interessenten gefragt, wie er reagieren würde, wenn Sie das Seminar kostenlos anbieten. Darauf antwortet er nun mit einem „Ja": Dann geben Sie am besten eine ironisch-satirische Antwort, in der Sie mit einem lustigen Unterton in der Stimme darauf hinweisen, dass Ihr Kontingent für sozial Bedürftige für dieses Quartal bereits erschöpft ist.

Kein Geschäft realisiert? Schade – aber wer will schon ohne Gegenleistung leisten? Entweder Sie haben mit dieser frechen Antwort einen Kunden gewonnen oder einen Nicht-Kunden entlarvt.

Tipp aus der Praxis

Senken Sie bitte nicht sofort Ihren Preis! Preissenkung bedeutet Senkung Ihrer Margen und wird Sie mittelfristig ruinieren, wenn Ihr Unternehmen nicht so konsequent sparen kann wie Lebensmitteldiscounter. Beenden Sie den Wahnsinn jetzt. Drängen Sie Ihr Unternehmen nicht in den Preiswettbewerb, der am Ende nicht finanzierbar ist ... Außer vielleicht mit Lohnsenkungen oder dem kompletten Verzicht auf qualitativ hochwertige Mitarbeiter wie Sie.

Einwandbehandlungsstrategie 2: Niedrigpreis-Forderung aushebeln
Wenn ich in meinen Seminaren frage, wer im Preiskampf mit seinen Wettbewerbern steht, wird in der Regel von weit mehr als der Hälfte der Teilnehmer die Hand gehoben. Sind Sie auch im Preiskampf? Wenn Sie die Situation realistisch betrachten, kann das wohl kaum stimmen. Ich sage: Das kommt Ihnen nur so vor, weil Sie sehr häufig mit unrealistischen Angriffen wie dem folgenden konfrontiert werden:

- *Interessent*: „Ihr Preis ist zu hoch!" (Alternativ: „Sie sind einer der hochpreisigen Anbieter!")

Bitte kommen Sie nun nicht auf die Idee zu erwidern:

- „Wie viel zu hoch ist unser Preis?"
 Das sind Fragen, die Sie nicht weiterbringen.
- „Um wie viel niedriger sollte mein Preis sein?"
- „Was möchten Sie denn ausgeben?"

Sie sind Profi genug, um zu wissen, was Ihre Leistung wert ist und wie viel Spielraum für Preisnachlässe Sie haben. Also sollten Sie den besten Preis anbieten, bevor Sie jemand danach fragt. Oder noch besser: Sie halten die Preise hoch und verkaufen nur an Interessenten, die die intellektuelle und finanzielle Kapazität mitbringen, um diesen Preis zu verstehen und zu bezahlen. Lassen Sie sich nicht auf „Geiz-Verhandlungen" ein. Erwidern Sie besser:

- „Definieren Sie bitte einmal ‚Preis'." Jetzt liegt der fiese Preis-Ball im Feld des „Gegners". Nun muss Ihr Gesprächspartner beschreiben, wie er den Preis für die Dienstleistung festlegen würde, was seine Auffassung des Preises wäre. Dahinter steht ja auch der Wert der Leistung. Sie können zuhören und lernen. Dieser Weg führt zum Verstehen, danach können Sie Ihr Handeln neu überdenken.

Einwandbehandlungsstrategie 3:
„Was wäre wenn"-Szenario entwickeln
Stellen Sie sich vor, Sie sprechen mit einem Entscheider. Und Sie bekommen zu hören: „Danke für Ihr Angebot, aber ich bin ganz einfach nicht interessiert." Jetzt könnte Ihre charmante Antwort so lauten:

- „Herr Dr. Wackhaussen, wenn die Person, der Sie in dieser Angelegenheit am meisten vertrauen und am meisten zutrauen, in Ihr Büro käme und Ihnen ein Konzept vorstellen würde: Wären Sie dann bereit, ernsthaft zu prüfen, was es damit auf sich hat?"

Wenn die Antwort „Nein" lautet, dann vergessen Sie´s. Es muss auch Menschen geben, die es nicht verdient haben, Kunde bei Ihnen zu sein. Wer nicht mal bereit ist, Optionen zu prüfen, wird auch wenige neue für sich und sein Unternehmen eröffnen.

Was aber passiert, falls der Gesprächspartner sagt: „In diesem Fall würde ich mir das Konzept anhören"? Die meisten Verkäufer würden nun versuchen, sich selbst als die vertrauensvolle Person ins Spiel zu bringen, von der der Entscheider gesprochen hat, nach dem Motto: „Kann ich nicht auch Ihr Vertrauen gewinnen?" Sie aber gehen anders vor: Sie finden heraus, wer diese Person sein könnte und beenden den Anruf freundlich! Es wird vielleicht nicht immer gelingen, direkt im Telefonat herauszufinden, wer diese vertrauenswürdige Person aus der Sicht Ihres Gesprächspartners ist. Da kann auch die Assistenz helfen, meist kennt sie „die Buddies des Chefs". Und dann rufen Sie diese Person an:

- „Ich habe gerade mit Herrn Dr. Wackhaussen gesprochen, und er sagte, dass er Ihnen in dieser Angelegenheit vollkommen vertraut. Er sagte weiter, wenn Sie diese Idee mit ihm besprechen würden, würde er darüber nachdenken, ob er ein entsprechendes Angebot annimmt. Hier ist die Idee … Was denken Sie darüber?"

- Gesetzt den Fall, die Vertrauensperson ist bereit, sich mit der Sache zu befassen. Vielleicht findet sie Spaß daran, weil das ein so ungewöhnlicher Anruf ist, vielleicht imponiert ihr Ihre Herangehensweise, vielleicht ist sie aber auch einfach dem Argument zugänglich. Was dann? Dann rufen Sie mit dieser Information Ihre eigentliche „Zielperson" zurück und halten den Ball am Laufen. Denken Sie daran: Niemand verkauft für Sie – Sie sind für Ihre Verkäufe verantwortlich!

Sie sehen: Der Kernpunkt ist, ein „Was wäre wenn"-Szenario zu entwerfen und dann eine Zusage für dieses potenzielle Szenario einzuholen.

Entscheider wollen von den besten Verkäufern kaufen, die verfügbar sind. Sie testen uns permanent. Also werden Sie der beste Verkäufer weit und breit! Gehen Sie nicht sofort in die Rückzugsposition. Finden Sie erst die Substanz des Widerstandes und dann einen Ausweg.

**Einwandbehandlungsstrategie 4:
Fordern Sie den Gesprächspartner heraus**
Ihr Interessent ist außerordentlich zufrieden mit seinem aktuellen Lieferanten und denkt nicht im Traum daran, etwas zu ändern. Das ist die Situation, in der Sie anrufen:

- *Interessent*: „Danke für den Anruf, aber wir sind in den besten Händen. Meine aktuelle PR-Agentur sorgt dafür, dass unsere Markenwahrnehmung hervorragend ist."

- *Sie*: „Bevor Sie auflegen, möchte ich Sie fragen: Wissen Sie, was Ihre Loyalität zu Ihrer aktuellen PR-Agentur Sie kostet?"

Wenn Sie diese auf den ersten Blick aggressive Formulierung benutzen, können Sie sicher sein, dass Sie sofort herausfinden, ob es auch nur den Hauch einer Erfolgschance gibt. Wenn Ihr Interessent jetzt noch nicht aufgelegt hat, könnte das Gespräch so weitergehen:

- *Interessent*: „Was meinen Sie damit?"

- *Sie*: „Wenn wir mit unseren Kunden in Ihrer Branche sprechen, sagen sie uns, das sie jetzt in der Lage sind ... (Nennen Sie die wesentlichen Euro-Beträge, die Sie als Wertschöpfung liefern können)."

Tipp aus der Praxis

Diese Strategie funktioniert auch in allen Fällen, in denen Sie zu hören bekommen, dass eine interne Abteilung „alles regelt" und man „völlig zufrieden" sei. Und darum ist sie nicht nur in Entscheidergesprächen, sondern auch im „Kampf" mit den Blockierern und Bedenkenträgern gut einsetzbar.

Einwandbehandlungsstrategie 5: „Danke für die Lektion!"
Wohl jede Vertriebsorganisation kann von schwierigen Situationen berichten, in denen ein Liefer-, Qualitäts- oder Zuverlässigkeitsproblem entstanden ist. Kurz: Die Kundenzufriedenheit hat nachgelassen, und vielleicht sind Kunden sogar verloren gegangen. Aber Sie können sie auch zurückgewinnen. Nehmen wir an, Sie wollen den Entscheider eines Unternehmens sprechen, bei dem Sie oder Ihr Unternehmen Unzufriedenheit erzeugt hat. Sie sprechen mit einem Blockierer, der verhindern will, dass Sie mit „Ihrer Zielperson" sprechen.

- *Gesprächspartner*: „Wir haben Ihr <Produkt> vergangenes Jahr geordert. Das Ergebnis waren Chaos, Versagen und Probleme ohne Ende! Wir werden nie wieder mit Ihrem Unternehmen arbeiten."

- *Sie*: „Tut mir leid, das zu hören. Eine letzte Frage: Wenn der beste Verkäufer Ihres Unternehmens eine Aussage dieser Art hören würde, was würden Sie persönlich ihm raten zu antworten?"

Wenn Ihr Gesprächspartner jetzt noch nicht aufgelegt hat, haben Sie eine Chance:

- *Gesprächspartner*: „Ich würde ihm raten, in der Entwicklung eine vernünftige <Lösung> zu erreichen. Außerdem sollte die Konstruktion <folgende Standards> erfüllen. Und beim Versand sollte ... eingehalten werden ..."

Machen Sie sich jetzt Notizen. Wenn Ihr Gesprächspartner seine Ausführungen beendet hat, können Sie wieder übernehmen:

- Sie: „Danke. Das war lehrreich. Hier ist das, was wir inzwischen getan haben. (Es folgt eine Aufzählung der wesentlichen Fakten, die inzwischen verbessert wurden)."

Jetzt haben Sie eine Grundlage für weitere Gespräche geschaffen. Auf dieser Basis kann ein Neuaufbau der Beziehung stattfinden.

Tipp aus der Praxis

Falsch wäre es, den Gesprächspartner lediglich zu beschwichtigen: „Ich sehe, dass Sie schlechte Erfahrungen mit uns gemacht haben. Gut, dass das hinter uns liegt! Der Verkäufer von damals wurde entlassen, auch der Entwicklungschef …" Das ist psychologisch gesehen sehr ungünstig für einen Neuanfang, denn diese Strategie ist rückwärtsgerichtet und weist nicht in die Zukunft.

Einwandbehandlungsstrategie 6:
Vertröstungen in Termine ummünzen

Sie haben alles richtig gemacht, aber jetzt sagt der Gesprächspartner: „Ich bin sehr interessiert, aber wir müssen erst noch unsere Jahresplanung für das kommende Jahr abschließen. Und dann sind schon wieder Herbstferien. Rufen Sie mich in drei Monaten wieder an." Was ist jetzt zu tun?

- *Sie*: „Sicher. Lassen Sie mich noch eine Frage stellen: Nehmen wir an, wir hätten jetzt schon drei Monate später. Was präzise wollen Sie wissen, damit Sie sich für uns entscheiden können?"

- *Interessent*: „Also zunächst müssten wir klären, ob … und dann wäre noch zu prüfen, inwiefern … Außerdem wäre noch zu klären, was der Entscheider XY davon hält."

- *Sie*: „Was halten Sie davon, wenn wir beide im kommenden Monat eine Stunde Zeit investieren, um schon im Vorfeld zu klären …"

- *Oder Sie sagen*: „Während Sie die Jahresplanung in Ruhe abschließen, wird mein Boss Ihren Chef zu einem Geschäftsessen einladen und den Weg für unser Gespräch in drei Monaten ebnen …"

Lassen Sie sich nicht auf die lange Bank schieben. Zu viele Verkäufer sind dort schon brav wartend aber umso kläglicher verhungert. Das haben Sie nicht verdient!

Tipp aus der Praxis

Es klingt verrückt, aber bitte versuchen Sie es: Notieren Sie alle „Neins", „Vergessen Sie's", „Auf keinen Fall" und „Klick – Freizeichen" während Ihres Akquisitionstages. Notieren Sie die Absagen und auch die Beschimpfungen, wenn es denn welche gab, wörtlich.

Atmen Sie dann tief durch und rufen Sie am Ende des Tages oder am nächsten Tag diese Gesprächspartner nochmals an und sagen Sie:

- „Als wir gestern telefonierten, sagten Sie ... Haben Sie inzwischen Ihre Meinung geändert?"

Ich weiß, es scheint unglaublich zu sein, aber Sie werden sehen, dass etwa 20 Prozent der Angerufenen sagen werden: „Gestern war ein schlechter Zeitpunkt. Was wollten Sie mir heute sagen?"

Einwandbehandlungsstrategie 7: Vorwärts-Verteidigung

Ich gebe zu, die folgende Idee ist geklaut. Schon in der antiken Rhetorik war bekannt, dass es hilfreich ist, die Argumente der Gegenseite zu nennen und dann sofort zu entkräften. Zu jedem Produkt, jeder Dienstleistung und jedem Anbieter lassen sich natürlich Gegenargumente liefern. Sie kennen sie. Ihr Wettbewerb kennt sie. Ihr Gesprächspartner, ob Interessent, Top-Entscheider, Blockierer oder Bedenkenträger kennt sie vermutlich auch. Es spricht also nichts dagegen, diese Gegenargumente selbst zu nennen und sie sofort zu entkräften. Dazu ein Beispiel:

- *Sie*: „Unser <Produkt, Angebot> wird von den Geschäftsführern der XY-Branche als sehr gut eingestuft. Ebenso ist bekannt, dass wir als kleiner Anbieter nur über begrenzte Ressourcen verfügen. Die Auffassung, dass wir deshalb nicht gegen unsere großen Konkurrenten bestehen können, ist nur auf den ersten Blick stichhaltig. Nach genauer Betrachtung wird sofort klar, dass dies so nicht richtig ist. Gerade weil wir klein sind, sind uns unsere Kunden umso wichtiger. Im Gegensatz zu unseren größeren Wettbewerbern können wir unsere wenigen, aber allesamt wichtigen Kunden exklusiv betreuen, ihnen einen besonderen Top-Service liefern und ..."

Übung: Vorbei am Blockierer

In der letzten Übung haben Sie einen Gesprächsleitfaden für Ihr erstes Telefonat mit Top-Entscheidern entworfen. Ähnliches trainieren Sie jetzt bezogen auf Ihre „Blockierer".

Suchen Sie sich einen besonders schwierigen Fall aus Ihrer aktuellen Verkaufspraxis heraus und beschreiben Sie zunächst einmal so konkret wie möglich das Problem: Um wen handelt es sich bei dem Blockierer, zu welcher „Kategorie" gehört er (Assistenz, Fachverantwortlicher ...), wie geht er vor, welche Einwände erhebt er?

Jetzt wenden Sie die Einwandbehandlungsstrategien auf diesen Fall an und entwerfen einen entsprechenden Gesprächsleitfaden. Welche Strategie wählen Sie. Fragen Sie einen Kollegen, ob er Sie am Telefon coachen kann. Das heißt: Er sitzt während des Telefonats neben Ihnen und gibt Ihnen danach kritisch-produktives Feedback.

Der letzte Versuch

Wenn Sie im Gespräch mit dem Entscheider hören: „Also. Ich bin an Ihrem Thema nicht interessiert. Wir sind bestens versorgt!", dann ist das vermutlich ein Nicht-Kunde. Sie könnten jetzt einfach auflegen. Oder Sie starten noch einen letzten Versuch:

„Herr Entscheider. Wenn Ihr bester Verkäufer von seinem wichtigsten Zielkunden diesen Satz hört: Was würden Sie ihm jetzt raten?"

Entweder entwickelt sich daraus erneut ein Gespräch, oder die Aufgabe ist wirklich unlösbar.

Fazit und Ausblick

Das Vision-Selling-Werkzeug „Ansprechen" nutzen Sie optimal, wenn Sie

- Ihrem Ansprechpartner auf Entscheiderebene einen Brief schreiben, dessen Inhalt und äußere Form sich von den Anschreiben Ihrer Konkurrenten durch Außergewöhnlichkeit, konsequente Nutzenorientierung und die Konzentration auf den Engpassfaktor Ihres Top-Entscheiders abheben.

- Im Telefonat mit dem Entscheider durch eine Eröffnung glänzen, die ihn überzeugt und motiviert, sich über Ihre Problemlösung genau informieren zu lassen.

- Die Kompetenz, Einwände zu entkräften, bereits in der Akquisitionsphase anwenden. Und nicht erst in der Phase, in der Sie einen Termin mit dem Entscheider haben und mit ihm sprechen.

- Immer auf Augenhöhe mit dem Top-Entscheider kommunizieren und das Selbstbewusstsein zeigen, dass Sie für sein brennendes Problem eine Lösung haben.

Des Weiteren sollten Sie die Fähigkeit erwerben, mit den „Türhütern" angemessen zu kommunizieren, die aus den unterschiedlichsten Gründen versuchen, das Gespräch zwischen den Machthabern im Unternehmen und Ihnen zu verhindern. Dabei setzen Sie – und das gilt für das gesamte Werkzeug „Ansprechen" – auf kreative und ungewöhnliche Methoden, die den Blockierer überraschen und ihn überzeugen, einen Termin mit dem Entscheider zu befürworten.

Es gibt kein Rezept. Erwarten Sie nicht, dass es auf jeden Fall klappt. Akzeptieren Sie auch, wenn Sie einen „Nicht-Kunden" gefunden haben. Niemand wird ernsthaft 100 Prozent Marktanteil anstreben. Also ist es auch völlig in Ordnung, wenn Sie einen Kunden ausqualifizieren und sich neuen vielversprechenden Chancen zuwenden.

Sie haben nun aufgrund Ihrer außergewöhnlichen Akquisitionsbemühungen und -strategien einen Termin mit dem Entscheider erhalten. Ob die Erfolgsstory weitergeht, ist jetzt von der Professionalität Ihrer Gesprächsführung und von Ihrer Fragetechnik abhängig.

5 Verstehen: Verwirklichen Sie Vision Selling mit kreativer Fragetechnik

Was Ihnen dieses Kapitel bietet

Sie haben aufgrund Ihrer kreativen Ideen und eines Entscheider-Briefs das Interesse Ihres Wunschkunden geweckt und im Telefonat erreicht, dass er einen Termin mit Ihnen vereinbart hat. In diesem Kapitel steht die professionelle Gesprächsführung im Mittelpunkt: Wie müssen Sie „die Zielperson" ansprechen, um sie als Kunden zu gewinnen und langfristig und nachhaltig an Ihr Unternehmen zu binden? Das Herzstück im Vision Selling bildet dabei die VI-SI-ON-Fragetechnik.

Die VI-SI-ON-Fragetechnik als Geländer

Viele Verkäufer orientieren sich im Kundengespräch an einem vorgefertigten Schema, zum Beispiel: Begrüßung – Einstiegsfrage – Produktpräsentation – Nutzenargumentation – Einwandbehandlung – Preisdiskussion – Abschluss. Oder sie unterscheiden eine Eröffnungsphase, dann eine Informationsphase, in der sie den Bedarf des Gesprächspartners erkunden und sein Interesse wecken, und schließlich eine Argumentations- und Präsentationsphase. Abgeschlossen wird dieser Gesprächsleitfaden von einer Zielphase, in der es zur Preisverhandlung kommt und in der der Abschluss herbeigeführt wird. Letztes Beispiel: Zu Beginn soll das Vertrauen des Kunden gewonnen werden, um danach seinen Standpunkt zu erfragen – der Verkäufer weckt so das Interesse des Kunden. Dann erfragt er die Kundenwünsche und präsentiert sein Angebot. Nach der kundennutzenorientierten Argumentation und der Einwandbehandlung stellt er die Abschlussfrage und gibt Entscheidungshilfen.

Jeder Gesprächsleitfaden steht vor der Problematik, dass er eine schematisierte Hilfestellung bieten soll, aber zugleich so flexibel strukturiert sein muss, dass der Verkäufer situativ und kundenangemessen reagieren kann. Der Gesprächsleitfaden dominiert Verkäufer und Gesprächssituation, schreibt ihm praktisch vor, was er zu tun und zu lassen hat – unabhängig vom konkreten Kunden und der konkreten Situation: So soll es nicht sein.

Auch gute Verkäufer haben eine Gesprächsstruktur, diese hat bei ihnen jedoch eher die Funktion eines Geländers. Wie nah sie an diesem Geländer die Treppe hochgehen, ist immer wieder unterschiedlich – so unterschiedlich wie jedes Verkaufsgespräch. So sinnvoll es ist, sich einen „roten Gesprächsleitfaden" zu erarbeiten: Wem es an der notwendigen Flexibilität fehlt, den Leitfaden der konkreten Kundensituation anzupassen, der läuft Gefahr, den Verlauf der Interaktion mit dem Kunden nicht mehr steuern zu können. Was eigentlich passiert, wenn der Kunde nicht „bereit" ist, sich dem Leitfaden des Verkäufers anzupassen, und Fragen stellt, die nicht in sein vorgefertigtes Raster passen?

Top-Verkäufer vermeiden es, dem Kunden ihre Idealvorstellung von einem optimalen Gesprächsverlauf aufzuzwingen. Sie sehen es als ihr Ziel an, den Kunden bei der Verwirklichung seiner Vision zu unterstützen, indem sie sein brennendes Problem lösen. Der Vorteil der VI-SI-ON-Fragetechnik ist, dass diese Art der Gesprächsführung immer wieder auf dieses Ziel abhebt und so den Engpassfaktor des Top-Entscheiders in den Vordergrund rückt.

Verlassen Sie sich auf Ihr verkäuferisches Gespür

Wichtiger als jeder Gesprächsleitfaden, der Sie in ein Schema zu drängen droht, ist Ihr verkäuferisches Gespür, Ihr Feingefühl in der Situation: Wie bauen Sie eine angenehme Atmosphäre auf? Wie schaffen Sie eine emotional positive Basis für das Gespräch? Kommen Sie sofort zum Thema oder widmen Sie sich zunächst dem „Small Talk"?

Mein Tipp: Entscheiden Sie darüber erst, wenn Sie und Ihr Zielkunde sich in der konkreten Situation befinden! Denn hier treffen zwei Menschen aufeinander mit all ihren Erwartungen, Wünschen, Zielen, Hoffnungen und Ängsten. Da wäre es fatal, unabhängig von der Situation prinzipiell mit einem Small Talk zu beginnen. Vielleicht empfindet der Entscheider Ihr Gespräch über das Wetter oder das wichtige Fußballspiel gestern Abend als Belästigung, vielleicht interessiert er sich nicht für Fußball, vielleicht glaubt er, Sie nutzten den Small Talk, um das Gespräch an sich zu reißen und es zu dominieren.

VI-SI-ON-Fragetechnik: die vier Fragearten

Ihr Vorteil, wenn Sie das Vision-Selling-Konzept anwenden: Durch Ihre exzellente Vorbereitung wissen Sie bereits sehr viel über Ihren Wunschkunden und haben ihm schon bewiesen, dass es Ihnen vor allem auf eines ankommt: für seinen Kittelbrennfaktor eine Lösung zu bieten. Und diese

Intention steht im Mittelpunkt der VI-SI-ON-Fragetechnik, diese Intention ist es, die den „roten Faden" für Ihr Gespräch mit dem Top-Entscheider bildet. Abbildung 13 zeigt die Fragetechnik im Überblick.

```
                    ┌─────────────────┐   Fragen nach den Fakten sollten
                    │  Fakten kennen  │   in Gegenwart des Entscheiders
                    └─────────────────┘   vermieden werden!
                            │
┌───┬───────────────────────┼──────────────────────────────────┐
│ V │   ┌──────────────────────────────────┐   ┌──────────────┐│
│ I │   │ Veränderungswunsch Interpretieren│──▶│Latenter Bedarf││
│ S │   └──────────────────────────────────┘   └──────────────┘│
│ I │     Einfacher Verkauf endet hier                         │
│ O │   ┌──────────────────────────────────┐                   │
│ N │   │    Schmerzen Intensivieren       │◀──                │
│   │   └──────────────────────────────────┘      VisionSelling®│
│   │   ┌──────────────────────────────────┐   ┌──────────────┐│
│   │   │   Operativen Nutzen klären       │──▶│Konkreter Bedarf││
│   │   └──────────────────────────────────┘   └──────────────┘│
│   │   ┌──────────────────────────────────┐                   │
│   │   │ Individuellen ROI mitgestalten   │◀──                │
│   │   └──────────────────────────────────┘                   │
└───┴──────────────────────────────────────────────────────────┘
```

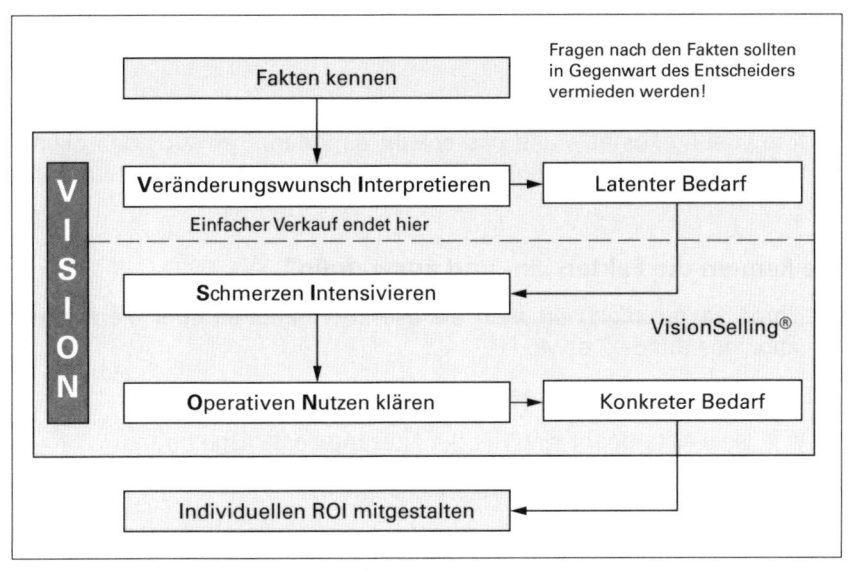

Abb. 13: Die VISION-Fragetechnik im Überblick

Fertige Foliensätze, Datenblätter, Muster und vorbereitete Testversionen sind im Vision Selling verpönt. Sie legen Sie zu sehr fest, drängen Sie zu sehr in ein Schema, verführen Sie dazu, es sich zu leicht zu machen und einfach die nächste Folie auf den Overheadprojektor zu legen, statt durch Fragen und aktives Zuhören immer tiefer in die Vorstellungswelt des Top-Entscheiders einzudringen.

Mit den vier Fragetypen nach der VISION-Methode gelingt es Ihnen, die notwendigen Informationen zu finden, um das individuell passgenaue Angebot für den Entscheider zu erstellen:

■ Mit den *Faktenfragen* klären Sie die Situation, hinterfragen den Kontext, in dem sein brennendes Problem liegt. Diese Aufgabe stellt sich Ihnen *vor* dem Gespräch mit ihm – in dem Gespräch selbst konkretisiert sich die VI-SI-ON-Fragetechnik.

- **V**eränderungswunsch **I**nterpretieren: Dies erreichen Sie mit den *Problemfragen*.
- **S**chmerzen **I**ntensivieren: Mit den *Auswirkungsfragen* verdeutlichen Sie dem Gesprächspartner das Ausmaß seines Problems.
- **O**perativen **N**utzen klären: Hier geht es darum, die *Nutzenaspekte* Ihrer Lösung zu verdeutlichen.
- Zu guter Letzt: Natürlich will Ihr Top-Entscheider auch wissen, was ihn Ihre Lösung kostet – und das erlaubt es Ihnen, ihm auch den ökonomischen Wert Ihrer Lösung zu erläutern (ROI – Return on Investment).

Sie kennen die Fakten „in- und auswendig"

Mit Ihren Faktenfragen erhalten Sie alle Informationen über die aktuelle Situation des Kunden, etwa:

- Welche Art von System setzen Sie heute ein?
- Wie viele Mitarbeiter sind mit der Nutzung der Anlage betraut?
- Was ist heute Ihr wichtigstes Geschäftsfeld?

Wenn Sie die Sachlage nicht hinreichend durch Faktenfragen erhellen, laufen Sie Gefahr, dass der Kundenkontakt unbefriedigend verläuft, weil Ihnen das Grundlagenwissen fehlt. Aber stellen Sie auf keinen Fall zu viele Faktenfragen! Fragen zu den Fakten sind für den Entscheider entweder langweilig oder unangenehm, weil er sie nicht wirklich fundiert beantworten kann. Ihre Aufgabe war es, wie schon ausgeführt, vor dem Gespräch die Fakten zu sammeln.

Fragen zu den Fakten werden von unerfahrenen Verkäufern häufig überstrapaziert. Der Kunde beginnt sich zu langweilen oder ist verärgert, weil es dem Entscheider jetzt weniger darauf ankommt, schon wieder sein Problem darzustellen – er wartet auf die Lösung. In dem Fall gewinnt er den Eindruck, dass der Verkäufer nicht gut vorbereitet ist und wenig über seine Branche weiß.

Tipp aus der Praxis

Vermeiden Sie es, im Gespräch mit dem Entscheider Faktenfragen zu stellen. Sammeln Sie stattdessen bereits im Vorfeld alle Informationen zur Situation Ihres Gesprächspartners. Stellen Sie Fakten- und Situationsfragen nur, wenn wichtige Informationen auf anderem Wege nicht zu beschaffen waren, es also unvermeidlich ist.

Ihr Vorteil: Das Vision-Selling-Konzept ist von Anfang an darauf ausgerichtet, die Sach- und Faktenlage *vor* dem Gespräch mit dem Entscheider zu klären. Denken Sie beispielsweise an die Problemtabelle.

Veränderungswunsch *I*nterpretieren: Stellen Sie Problemfragen

Mit Ihren Fragen zum Veränderungswunsch legen Sie die Probleme, Schwierigkeiten und Unzufriedenheiten des Kunden offen:

- Ist Ihre heutige Anlage schwer zu warten?
- Haben Sie Qualitätsprobleme?
- Sind Sie zufrieden mit …?

In zahlreichen Gesprächen mit Vertriebsleitern und Verkäufern konnte ich feststellen, dass Fragen zum Veränderungswunsch die Erfolgswahrscheinlichkeit steigern – vor allem bei kleineren Projekten – und in der Regel von erfahrenen Verkäufern gestellt werden. Unerfahrene Verkäufer hingegen tendieren dazu, Fragen zum Veränderungswunsch so lange zu stellen, bis sie Anzeichen von Ungeduld bei ihrem Kunden erkennen, um schließlich impulsiv und zu plötzlich ihre Lösung anzupreisen. Erst mit wachsender Erfahrung gewinnen sie die Sicherheit, alle Aspekte des Problems zu hinterfragen und zu verstehen.

Decken Sie die latenten Probleme des Entscheiders auf
Sie können diese Lernkurve abkürzen: Fragen zum Veränderungswunsch sind hilfreich, um Informationen über die Probleme des Kunden zu gewinnen. Viel wichtiger ist jedoch der Effekt, dass Ihr Gesprächspartner animiert wird, seinen latenten Bedarf für eine Lösung seiner Probleme auszusprechen. Ihre Problemtabelle zeigt Ihnen, wo Sie ansetzen müssen – Sie kennen ja den Engpassfaktor „Ihres" Entscheiders. Wenn er „zugibt" und es

jetzt ausspricht, dass er zum Beispiel Wartungsprobleme oder Schwierigkeiten mit der Qualität hat, sind Sie auf dem richtigen Weg.

Doch *Problemfragen* reichen bei größeren Geschäften, zumal im High Investment-Bereich, nicht aus, um erfolgreich abzuschließen. Das hängt damit zusammen, dass das Aussprechen des latenten Bedarfs allein noch nicht genügt, dass der Entscheider vergleichsweise große Investitionen rechtfertigen kann – vor sich selbst und vor anderen Entscheidungsträgern.

> **Tipp aus der Praxis**
>
> Vor allem Verkäufer, die lange Jahre in einem Markt unterwegs sind, und solche Verkäufer, die aus einem technischen Hintergrund oder einer Beratungsperspektive heraus verkaufen, tendieren dazu, geschlossene Problemfragen zu stellen. Das scheint daher zu kommen, dass diese Verkäufer sich gezwungen fühlen, das Problem des Kunden bereits zu kennen, bevor sie es gehört haben. Sie scheinen mit der Einstellung „Ich kenne Dein Problem schon – Gib es endlich zu!" in das Gespräch zu gehen. Aber das ist schädlich.

Dass geschlossene Fragen naturgemäß auch immer ein wenig nach einer kritischen Behauptung klingen, sorgt außerdem dafür, dass die Reaktion tendenziell eher rebellisch aus dem Kindheits-Ich erfolgen wird. Daher: Nutzen Sie offene Fragen als Problemfragen:

- Wenn Sie zum Thema <Ihr Leistungsportfolio> drei Wünsche frei hätten: Was würden Sie sich wünschen?
- Mit Blick auf Ihre wichtigsten Geschäftsziele: Was behalten Sie im Moment besonders im Auge?
- Welche Risiken oder unerwünschten Effekte könnten Ihre planmäßige Geschäftsentwicklung beeinträchtigen?

Tipp aus der Praxis

Es kommt zuweilen vor, dass Entscheider nicht zugeben wollen, dass sie ein Problem mit sich herumtragen. Sie erkennen das an Aussagen wie „Wir haben kein Problem" oder „Bei uns läuft alles planmäßig". In diesem Fall, und bitte *nur dann*, wenn Sie vorab offene Fragen gestellt haben, können Sie diese Situation mit der „Fußpilz-Methode" in den Griff bekommen. Die Methode ist benannt nach dem Menschen, der in der Apotheke sagt: „Ich soll für einen Kumpel von mir ein Mittel gegen Fußpilz mitbringen …" Hier wurde ein „virtueller" Dritter verwendet, um die Situation zu entschärfen.

Sie könnten also sagen:

- „Wenn wir mit den Geschäftsführern unserer Kunden aus der <Branche des Gesprächspartners> reden, nennen Sie uns häufig diese drei brennenden Themen: 1. – 2. – 3. – Was sagen Sie dazu?"

So ermöglichen Sie es Ihrem Gesprächspartner, über seine vorhandenen Probleme zu sprechen, ohne dass er direkt zugeben muss, dass es sich dabei um seine Probleme handelt.

Schmerzen Intensivieren: Auswirkungen klar benennen

Kommen wir zum wirkmächtigsten Aspekt der VI-SI-ON-Fragetechnik, aber auch dem heikelsten. Heikel deswegen, weil Sie nun Ihrem Top-Entscheider unerbittlich und gnadenlos vor Augen führen müssen, welche Auswirkungen sein brennendes Problem für sein Unternehmen und ihn hat – insbesondere dann, wenn er nichts tut, um es zu lösen. Fragen zu den Auswirkungen des Problems führen mithin zu Antworten, in denen die konkreten Konsequenzen und Auswirkungen der Probleme des Kunden aufleuchten:

- Was bedeutet das für Ihre Ausfallzeiten?
- Welchen Kostenzuwachs planen Sie für …?
- Werden Ihre Expansionspläne hierdurch beschränkt?
- Was bedeutet das für Ihre Mitarbeiter?

Mit *Auswirkungsfragen* verdeutlichen Sie Ihrem Gesprächspartner aber nicht nur, was passiert, wenn er untätig bleibt. Sie sensibilisieren ihn zugleich für eine „große" und umfassende Lösung, die natürlich auch eine entsprechende Investition nach sich zieht, nach dem Motto: große Probleme – große Lösung – große Investition – dann auch großartige Zukunftsperspektiven.

Tipp aus der Praxis

Auswirkungsfragen sind notwendig, um Ihrem Gesprächspartner die Ausmaße seines Problems vor Augen zu führen. Sie eignen sich dazu, Ihren Kunden darauf einzustimmen, dass er mit einer beachtlichen Investition zu rechnen hat, die „ihr Geld wert" ist. Jeder von uns hat genügend Probleme, gegen die er oder sie absolut nichts unternimmt, weil das Problem keine Schmerzen verursacht. Das gilt auch für die Wirtschaft: Probleme sind nicht absolut, sondern relativ. Was für den einen akute Gegenmaßnahmen erfordert, ist für den anderen kaum spürbar.

Der professionelle Verkäufer geht nicht davon aus, dass Probleme für alle Firmen oder Firmenleiter gleich schmerzhaft sind. Er wird den individuellen Schmerzfaktor ergründen und darauf basierend einschätzen, ob und wie schnell der entsprechende Gesprächspartner in Kürze etwas dagegen unternehmen wird.

Beispiel aus der Praxis: Den Wert der Investition darstellen
Der folgende Dialog zeigt, was passieren kann, wenn Auswirkungsfragen gar nicht erst thematisiert werden:

- *Verkäufer* (Situationsfrage): „Setzen Sie heute ein XYZ Minicomputersystem für Ihre betriebswirtschaftliche Software ein?"
- *Kunde*: „Ja, das wurde vor acht Jahren angeschafft."
- *Verkäufer* (Problemfrage): „Und diese IT-Plattform ist für Sie vergleichsweise teuer im Unterhalt?"
- *Kunde*: „Ja, das stimmt. Aber was bleibt uns übrig?"
- *Verkäufer* (stellt keine Auswirkungsfrage und kommt gleich zum Lösungsangebot): „Wir könnten diese Betriebskosten etwa auf 30 Prozent ihres heutigen Wertes reduzieren, wenn Sie künftig Hochleistungsserver und eine moderne ERP Lösung verwenden."

- *Kunde*: „Interessant. Was kostet das?"
- *Verkäufer*: „Die Investition für Server, PCs und Softwarelizenzen liegt bei etwa 250.000 Euro und ..."
- *Kunde*: „Was? Eine Viertel Million, nur um die Wartungskosten zu reduzieren? Sie machen wohl Witze!"

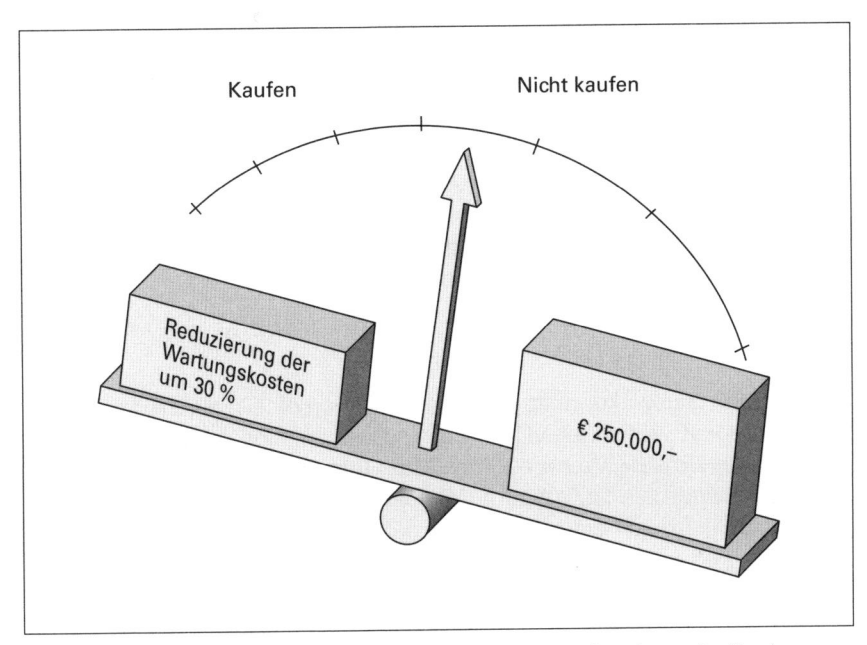

Abb. 14: (Falsche) Gewichtung der Entscheidungsparameter: So erkennt der Kunde den Wert der Lösung nicht

Was nur ist passiert? Nun, der Kunde sieht noch nicht den Wert der angebotenen Lösung – er kann sie gar nicht sehen, weil der Verkäufer nicht die Auswirkungen dargestellt hat, die entstehen, wenn der Kunde die IT-Plattform beibehält. Wobei der Clou darin besteht, diese Konsequenzen nicht einfach darzulegen, sondern sie vom Kunden selbst formulieren zu lassen.

Sicher gibt es noch mehr positive Auswirkungen als nur die Einsparung von Wartungskosten. Aber dazu kommt der Verkäufer gar nicht, weil er zu früh zum Lösungsangebot kommt. Er hat seine Chance auf Umsatz in diesem Gespräch weitgehend verspielt. Aber es geht auch anders.

Auswirkungsfragen machen den Wert Ihrer Lösung klar

- *Verkäufer* (Problemfrage): „Und diese IT-Plattform ist für Sie vergleichsweise teuer im Unterhalt?"
- *Kunde*: „Ja, das stimmt. Aber was bleibt uns übrig?"
- *Verkäufer* (Auswirkungsfrage): „Sie sagen, die Wartungskosten sind hoch. Welche Auswirkung hat dies auf die Wartungsintervalle?"
- *Kunde* (hält das Problem für geringfügig): „Wir sparen, so weit es geht. Wartungsarbeiten werden nur ausgeführt, wenn es unbedingt notwendig ist. Die Kosten für den Austausch von Teilen, wie zum Beispiel von Festplatten, wollen wir weitgehend vermeiden."
- *Verkäufer* (Auswirkungsfrage): „Wenn Wartungsarbeiten selten erfolgen, kommt es in der Regel zu Systemausfällen zwischen den Wartungsperioden. Wie häufig müssen Sie während der Geschäftszeiten den Ausfall Ihrer Warenwirtschaft hinnehmen?"
- *Kunde* (ist noch nicht von der Tragweite des Problems überzeugt): „Wir haben pro Jahr nur drei bis vier Tage Ausfallzeiten."
- *Verkäufer* (Auswirkungsfrage): „Wenn wir von einem durchschnittlichen Tagesumsatz von einer Million Euro ausgehen, sind dies immerhin drei Millionen Umsatz. Wenn nur ein Drittel Ihrer Kunden aufgrund der fehlenden Lieferbereitschaft zum Wettbewerb geht, ist dies immerhin ein Umsatzausfall von einer Million pro Jahr."
- *Kunde* (beginnt, das Ausmaß des Problems zu bedenken): „So gesehen, haben Sie recht. Aber wer sagt denn, dass ein Drittel der Kunden nicht warten will?"
- *Verkäufer* (Auswirkungsfrage): „Nehmen wir an, es sind noch weniger. Sagen wir 10 Prozent. Das entspricht einem Umsatzausfall von 300.000 Euro. Wie schätzen Sie die Gefahr ein, dass Ihre Wettbewerber alles tun werden, um Ihre Kunden, die bisher nur ersatzweise dort kaufen, auch dauerhaft zu binden, und sie so für Sie verloren gehen?"
- *Kunde*: „Das ist sicher eine Gefahr. Nach solchen Tagen konzentriert sich unser Vertrieb besonders auf unsere wichtigsten Kunden und bietet als Entschuldigung Sonderkonditionen für den nächsten Auftrag an. So halten wir diesen Schaden so gering wie möglich."

- *Verkäufer* (Auswirkungsfrage): „Wenn wieder so ein Tag ist, wird ja auch Ihr Lager davon betroffen sein. Dann finden weder Ein- noch Auslieferungen termingerecht statt. Arbeiten Sie dann mit Überstunden, um alles wieder in den Normalbetrieb zu führen?"
- *Kunde*: „Ja, so ist es. Wenn die EDV ausfällt, dann kann man im Lager nur Däumchen drehen. Wenn alles wieder funktioniert, müssen unsere Leute Überstunden machen. Das gilt auch für die Buchhaltung und die Auftragserfassung. Insgesamt für rund 75 Angestellte."
- *Verkäufer* (Auswirkungsfrage): „Wenn 75 Mitarbeiter dreimal jährlich einen zusätzlichen Tag arbeiten, entspricht dies 225 Tagen, also einer ganzen Stelle. Und Überstunden sind in der Regel auch teurer als Grundgehälter."
- *Kunde*: „Ja, da haben Sie recht. Und den Betriebsrat stimmen wir damit auch nicht gerade freundlich. Außerdem sinkt dadurch auch die Motivation. Nach Systemausfällen haben wir mehrfach Krankmeldungen und zuweilen auch Kündigungen."
- *Verkäufer* (fasst zusammen): „Unserem Gespräch habe ich entnommen, dass neben den ungewöhnlich hohen Wartungskosten des XYZ Minicomputersystems durch Systemausfälle zusätzlich etwa 300.000 Euro Umsatz verloren gehen. Die Maßnahmen zur Rückgewinnung von Kunden, oder gar deren Verlust, noch nicht in Betracht gezogen. Außerdem entstehen durch Überstunden Zusatzkosten von etwa 70.000 Euro pro Jahr sowie zusätzliche Belastungen durch Krankmeldungen und Ersatz von Personal."
- *Kunde*: „So gesehen haben wir mit den Wartungskosten wirklich ein ernstzunehmendes Problem …"

Und jetzt können Sie dem Entscheider die Investitionssumme nennen!

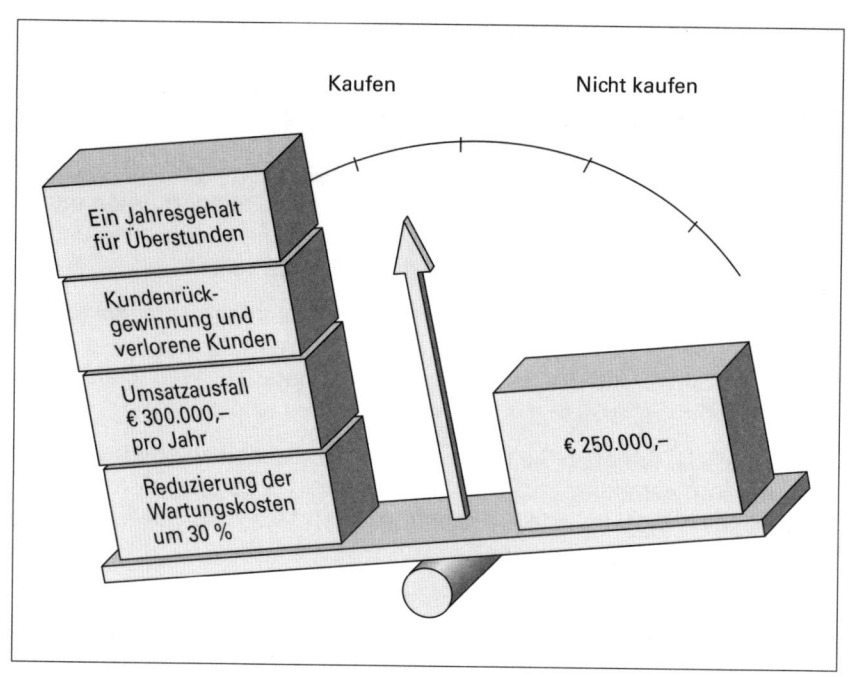

Abb. 15: (Erfolgreiche Um-)Gewichtung der Entscheidungsparameter beim Kunden nach Einsatz der VI-SI-ON-Fragetechnik

Dieses – natürlich idealtypisch dargestellte – Verkaufsgespräch zeigt Ihnen, wozu Auswirkungsfragen dienen: Mit ihnen gelingt es, den Wert der Investition, die mit Ihrer Lösung verbunden ist, deutlich zu machen. Zudem zeigt der Dialog, wie tief Sie in die Gedankenwelt des Top-Entscheiders eindringen müssen – und zwar bereits vor dem Gespräch, denn ansonsten wären Sie gar nicht in der Lage, im Gespräch derart flexibel und kundenspezifisch auf seinen Engpassfaktor einzugehen. Wenn Sie in Ihrem Gespräch mit solchen Fragen arbeiten, wird Ihr Kunde schnell verstehen, dass Sie „seine Sprache sprechen". Er wird Ihnen eher folgen und Sie rasch als ernstzunehmenden Gesprächspartner akzeptieren, der ihm hilft, für seine täglichen Schwierigkeiten eine Lösung zu finden – statt in Ihnen „nur" einen Verkäufer zu sehen, der auf seine Kosten Umsatz machen will. Sie sind nun ein Problemlöser im wahrsten Sinne des Wortes.

Tipp aus der Praxis

Viele Verkäufer verzichten auf Auswirkungsfragen, weil sie befürchten, dass sie dadurch die gute Beziehung zu ihrem Gesprächspartner zerstören würden. „Das ist zu frech" oder „Das kann ich doch nicht fragen!" sind häufig spontane Äußerungen selbst von erfahrenen Verkäufern.

Diese Befürchtung ist jedoch in Wirklichkeit unbegründet. Real ist, dass nur derjenige eine Behandlung über sich ergehen lässt, der einen Schmerz verspürt. Die Aufgabe des Verkäufers ist es, diesen Schmerz zu finden und so zu begründen, weshalb der Kunde den Weg mitgehen wird und es sich also lohnt, weitere Zeit und Aufwand in das Vertriebsprojekt zu investieren.

Auswirkungsfragen drücken auf die Stimmung
Beachten Sie bitte: Auswirkungsfragen haben auch eine Schattenseite: Sie könnten auf Seiten des Gesprächspartners zu Niedergeschlagenheit führen. Denn Sie müssen ja immer wieder die negativen Konsequenzen benennen, die entstehen, wenn der Entscheider die Lösung seines Problems nicht anpackt. Und so entsteht eine Stimmung, die einer aus Ihrer Sicht positiven Entscheidung zuwider läuft. Ihr Gesprächspartner vertröstet Sie vor lauter Verdruss, verfällt in Lethargie und Unentschlossenheit. Aber zum Glück gibt es ja noch eine Frageart, die Sie nutzen werden.

Erklären Sie den *O*perativen *N*utzen

Nutzenfragen erhöhen die Akzeptanz für Ihre angebotene Lösung und werfen ein erhellendes Schlaglicht auf ihren Wert und ihre individuelle Bedeutung, so dass Ihr Gesprächspartner dies rasch erkennen kann. Einfache Beispiele sind:

- Wie würde das helfen?

- Welche Einsparungen könnten sich daraus für Sie ergeben?

- Wie hoch schätzen Sie den zusätzlichen Umsatz, den Sie so erzielen könnten?

Vom Nutzen der Nutzenfragen

Nutzenfragen richten die Aufmerksamkeit Ihres Kunden letztlich auf die Lösung statt auf das Problem. So schaffen Sie eine positive und vorwärtsorientierte Atmosphäre. Lösungen und Aktivitäten treten in den Vordergrund, Probleme und Schwierigkeiten verblassen oder werden relativiert. Sie entwickeln sich in der Perspektive des Entscheiders zu Herausforderungen und lösbaren Aufgaben: Eine Herausforderung ist eine interessante Situation, mit der sich Ihr Gesprächspartner gerne beschäftigt. Und über diese positive Motivation ist es ihm möglich, Entscheidungen zu fällen, die Unentschlossenheit beiseite zu schieben und sich produktiv mit Ihrer Lösung auseinander zu setzen.

Hinzu kommt: Mit den Nutzenfragen sorgen Sie dafür, dass Ihr Kunde *Ihnen* den Nutzen nennt, aus *seiner* Sicht. Eine Frage wie: „Wie viel Umsatzausfall könnten Sie durchschnittlich verhindern, wenn Ihr Außendienst einen Tag früher als sonst auf Aktionspreise des Wettbewerbs reagieren würde?" lässt den Kunden *seinen* Wert schätzen, den er Ihrer Lösung beimisst, und konkret formulieren. Ihr Top-Entscheider hat nun ein großes Verlangen nach einer Lösung des Problems, dessen Konsequenzen ihm bewusst sind – ein Verlangen nach *Ihrer* Lösung. Abbildung 16 veranschaulicht den Zusammenhang:

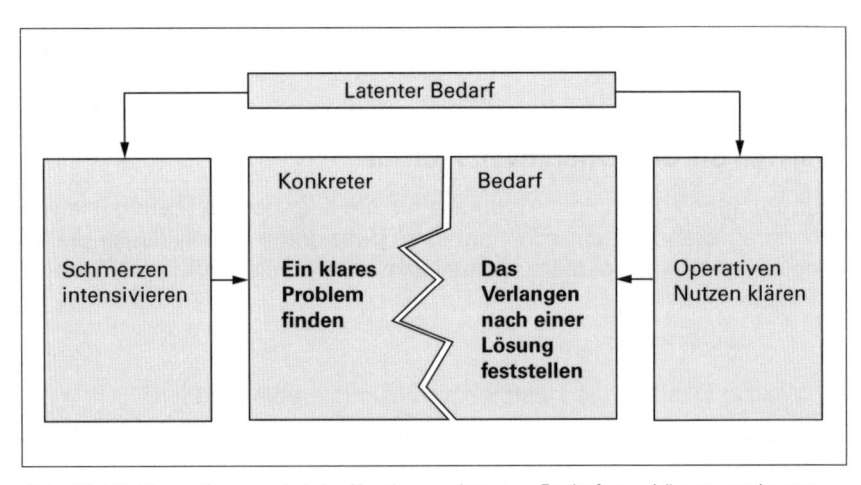

Abb. 16: Mit Nutzenfragen wird der Kunde vom latenten Bedarf zum Lösungsverlangen geleitet

Nutzenfragen zum richtigen Zeitpunkt richtig einsetzen
Bei einfachen und kleineren Verkaufsprojekten gibt es eine direkte Beziehung zwischen Ihrem Produkt und dem Problem, das es lösen soll. Wenn ein Kunde beispielsweise Angst vor einem durch Stromausfall verursachten Datenverlust hat, dann dürfte es nicht zu schwierig sein, ihn von einer geeigneten Lösung zu überzeugen.

Größere Probleme setzen sich in der Regel aus mehreren einzelnen Problemen zusammen. Die Lösung, die Sie anbieten, wird diese Teil-Probleme immer nur mehr oder weniger gut adressieren können. Ein „großes" und komplexes und damit nur schwer definierbares Problem wie etwa „geringe Produktivität" weist eine Vielzahl an Faktoren und Aspekten auf. Wenn Sie zu früh eine Lösung präsentieren, laufen Sie Gefahr, dass Ihr Kunde sich an den Faktoren festbeißt, die sie eben nicht löst. Er verliert den Blick für die Probleme, die durch Ihre Lösung voll und ganz beseitigt werden könnten. Und dann ist der komplette Umsatz in Gefahr, wie folgendes Beispiel zeigt:

- *Verkäufer*: „Also ist Ihr größtes Problem, dass Sie Regalfläche an den Wettbewerber verlieren, wenn einzelne Artikel nicht lieferbar sind und der Vertrieb keine verfügbaren Alternativen nennen kann. Mit unserer Lösung wird Ihr Außendienst beim Kunden automatisch auf alternative Produkte hingewiesen, so dass Sie keinen Umsatz an Wettbewerber abgeben müssen."

- *Kunde*: „Moment mal! Es geht hier doch nicht nur um Ersatzlieferungen. Oft sind die Wettbewerber einfach häufiger und daher vor uns beim Kunden, um Verträge zu machen. Auch Preisfragen spielen eine große Rolle. Manche Wettbewerber kaufen sich den Markt regelrecht."

Was ist geschehen? Der Kunde ist nicht einverstanden mit der Lösung, weil er sieht, dass die Lösung nur einen Teil des Problems betrifft. Er konfrontiert den Verkäufer mit seinen Einwänden. Dabei interessiert er sich offensichtlich nicht mehr für das, wofür der Verkäufer eine Lösung anbietet. Er verliert sich in Teilbereichen des Gesamtproblems. Wie können Sie dieser Gefahr entgehen? Dazu präsentiere ich Ihnen wieder einen beispielhaften Dialog:

- *Verkäufer*: „Also ist Ihr größtes Problem, dass Sie Regalfläche an den Wettbewerber verlieren, wenn einzelne Artikel nicht lieferbar sind und der Vertrieb keine verfügbaren Alternativen nennen kann. (*Nutzenfrage*) Wenn ich Sie richtig verstanden habe, dann sind Sie daran interessiert, diesem Verlust an Regalfläche entgegenzuwirken?"

- *Kunde*: „Oh ja. Das ist ein großes Problem für uns, und wir wollen etwas dagegen tun."
- *Verkäufer* (Nutzenfrage): „Angenommen, Sie könnten Ihrem Außendienst die Möglichkeit geben, bei nicht verfügbaren Artikeln sofort lieferbare Ersatzprodukte zu verkaufen. Würde das helfen?"
- *Kunde*: „Das wäre ein Teil der Lösung. Aber bedenken Sie, da gibt es noch weitere Faktoren, wie Kampfpreise und häufigere Vertreterbesuche des Wettbewerbs."
- *Verkäufer*: „Ja, ich verstehe, dass es mehrere Faktoren gibt. Und Sie sagten, dass das Ausweichen auf Ersatzprodukte einer davon ist. (*Nutzenfrage*) Wie könnte die Online-Anbindung des Außendienstes mit der Möglichkeit zur spontanen Lieferung von Ersatzprodukten Ihnen helfen?"
- *Kunde*: „Na ja, es würde sicherlich einen Teil des Problems lösen. Zumindest würden wir dort, wo wir schneller waren als der Wettbewerb, die Gefahr eines unnötigem Umsatzausfalls verringern."
- *Verkäufer* (Nutzenfrage): „Und wäre dieser Nutzen es wert, eine entsprechende Investition zu tätigen?"
- *Kunde*: „Vielleicht. Ich weiß noch nicht genau, wie viel wir hier verlieren. Es könnte genug sein, um diese Sache getrennt von den anderen Faktoren zu bearbeiten."
- *Verkäufer* (Nutzenfrage): „Ist da noch ein anderer Aspekt, wie die Online-Anbindung des Außendienstes Ihnen helfen könnte?"
- *Kunde*: „Möglicherweise könnten wir so die aktuellen Aktionspreise schneller zum Außendienst bringen, und damit an den Markt. Vielleicht gelingt es uns, einige Vorteile unserer Wettbewerber durch die höhere Besuchsfrequenz im Markt auszugleichen."
- *Verkäufer*: „Sie sagten vorhin, dass Ihre Wettbewerber gezielt mit Kampfpreisen arbeiten. (*Nutzenfrage*) Was würde es bringen, wenn Sie schneller, sagen wir: ein oder zwei Tage früher, darauf reagieren könnten und mit eigenen Aktionen gegensteuern?"
- *Kunde*: „Das habe ich noch gar nicht bedacht. Sicher, das würde unsere Wettbewerbsposition stärken. Wir könnten so besser verhindern, dass der Wettbewerb mit einzelnen Lockangeboten unsere Kundenbeziehungen ruiniert."

Im Gegensatz zu dem ersten Dialog hat der Verkäufer dem Kunden nun die Chance gegeben, die Vorteile und den Nutzen der angebotenen Lösung selbst zu erklären – und darum ist er eher in der Lage, sie zu bedenken und schließlich zu akzeptieren. Mit Nutzenfragen können Sie auf besonders einfache Art die Wahrnehmung Ihrer Kunden auf die Lösung fokussieren.

Tipp aus der Praxis

Der Beispieldialog zeigt wieder, wie tief Sie in das komplexe Problem des Entscheiders versunken sein müssen, um es zu lösen. Und er verdeutlicht, wie wichtig das aktive Zuhören ist. Fragekompetenz und Zuhörkompetenz sind die zwei Seiten einer Medaille und gehören zusammen wie Zwillingsschwestern. Nur weil der Verkäufer aufmerksam zuhört, registriert er, dass die „Kampfpreise" des Wettbewerbs für den Kunden ein großes Problem darstellen. Und dadurch ist er in der Lage, das Problem in eine Nutzenfrage zu kleiden und konkret auf seine Lösung zu beziehen.

Übung: Gesprächsvorbereitung mit der VI-SI-ON-Fragetechnik

- Suchen Sie sich aus Ihrem Kundenstamm einen Top-Entscheider heraus, über den Sie sehr gut Bescheid wissen. Auf jeden Fall kennen Sie sein brennendes Problem. Sie haben Kontakt mit ihm aufgenommen und bereits mit ihm telefoniert. Das heißt: Die Situation und die Faktenlage sind recht eindeutig. Sie stehen kurz vor der Terminvereinbarung. Eventuell sind noch einige Detailfragen im Gespräch selbst zu klären.

- Bereiten Sie dieses Gespräch nun vor, indem Sie – ggf. auch Faktenfragen – Problemfragen (Veränderungswunsch Interpretieren), Auswirkungsfragen (Schmerzen Intensivieren) und Nutzenfragen (Operativen Nutzen klären) formulieren. Der Übungsbogen, den Sie kopieren können, hilft Ihnen dabei. (Anmerkung: Natürlich ist dies immer nur im eingeschränkten Maße möglich. Die VI-SI-ON-Fragetechnik lebt ja gerade davon, dass Sie sie im Gespräch flexibel und situativ einsetzen.)

- Falls Sie das Gespräch dann tatsächlich führen konnten: Nutzen Sie den Protokollbogen, um das Gespräch zusammenzufassen. Das gelingt am besten, wenn Sie das Verkaufsgespräch auf Band aufnehmen. Die Zusammenfassung erlaubt Ihnen eine Analyse Ihres Gesprächsverhaltens – so können Sie Schwächen erkennen und bearbeiten.

Name/Firma	
Datum/Zeit/Ort	

Ziel des Gesprächs: Auftrag/Fortschritt. Bitte präzise angeben.
Es soll erreicht sein, dass ... (hier: Probleme benennen, die durch Ihre Lösung beseitigt werden können)

Restliche Fakten klären (Faktenfragen)

Ideen zum Veränderungswunsch und folgende Problemfragen stellen	Schmerzen intensivieren durch folgende Auswirkungsfragen

Operativen Nutzen durch die folgenden Nutzenfragen klären – ROI nicht vergessen

Abb. 17: Bogen zur Zusammenfassung des Gesprächs

Diesen Bogen finden Sie für Ihre eigene Arbeit online zum Download unter www.visionselling.de (Passwort: GABVIS).

Gesprächskontrolle mit Vision Selling

Fakten klären	Latenter Bedarf
Veränderungswunsch interpretieren	
Schmerzen intensivieren	
Operativen Nutzen verstehen	Konkreter Bedarf
Messbarer Nutzen	

Vorteile

Eigenschaften

Beobachten Sie Ihr Verhalten: Nehmen Sie in regelmäßigen Abständen Ihre Verkaufsgespräche auf Band auf. Machen Sie für jeden von Ihnen benutzten Fragetyp (linke Spalte oben) und Ihre Argumente (linke Spalte unten) einen Strich. Ebenso machen Sie für jeden vom Kunden geäußerten latenten Bedarf bzw. konkreten Bedarf eine Markierung und evtl. ein Stichwort. Wenn Sie zu zweit arbeiten, bitten Sie Ihren Kollegen oder Vorgesetzten die Analyse durchzuführen.

Abb. 18: Ablaufbogen

Fazit und Ausblick

Die Frage gehört zu den elegantesten und souveränsten Techniken der Gesprächsführung – und die VI-SI-ON-Fragetechnik zu den wichtigsten Instrumenten des Vision-Selling-Konzeptes.

Die VI-SI-ON-Fragetechnik ist der „Hebammenkunst" des griechischen Denkers Sokrates (469 bis 399 v. Chr.) verwandt, weil sie den Top-Entscheider durch geschickte Fragen anregt, sein brennendes Problem und dessen schmerzhafte Auswirkungen *selbst* zu benennen. Dazu dienen die Problemfragen und die Auswirkungsfragen. Die „richtigen" Antworten sind in Ihrem Gesprächspartner schon angelegt; sie sind aber noch verborgen oder verschüttet. Es gilt, sie hervorzuholen („Hebammenkunst"). Auch die Nutzenfragen dienen dazu, dass Ihr Top-Entscheider die Vorteile der angebotenen Lösung sich selbst erklärt.

Und da es jetzt so weit ist, dass der Entscheider Ihnen den Auftrag gibt, sein Problem zu lösen, müssen wir uns im nächsten Kapitel um die Umsetzung kümmern: Wie treiben Sie seinen Entscheidungsprozess im Verkaufsgespräch voran, so dass er Ihnen den Auftrag erteilt?

6 Umsatz generieren: Treiben Sie den Entscheidungsprozess voran

Was Ihnen dieses Kapitel bietet

Aufgrund Ihrer Gesprächsführung sind Sie jetzt ganz nahe dran an der Auftragserteilung. Nun kommt es darauf an, die beste Lösung für den Top-Entscheider zu realisieren, indem Sie den Kaufimpuls bei ihm auslösen und den Kaufwunsch bis zur Vertragsunterzeichnung wach halten. Dazu stehen Ihnen beim Vision Selling einige Werkzeuge zur Verfügung.

Holen Sie den Kunden dort ab, wo er steht

Vom ersten Kontakt bis zum Auftrag durchlaufen der Top-Entscheider und Sie drei Phasen. In jeder Phase befindet sich Ihr Gegenüber in einem bestimmten Abschnitt der Entscheidungsfindung. Er prüft seinen Bedarf, untersucht den Nutzen Ihrer Lösung oder schätzt das Risiko ab, das er eingeht, wenn er sich für Ihre Lösung entscheidet. Ihre Aufgabe ist es zu erkennen, in welcher Phase sich der Entscheider befindet, um dann mit dem entsprechenden Werkzeug den Entscheidungsprozess voranzutreiben. Die Tabelle (Abb. 19) gibt Ihnen einen Überblick über die drei Phasen.

Konflikte vermeiden

Warum ist es so wichtig zu wissen, in welcher Phase sich Ihr Top-Entscheider befindet? Dazu zwei einfache Beispiele zur Verdeutlichung: In der Bedarfsphase fragt er sich, ob er überhaupt etwas ändern muss und Ihre Lösung wirklich benötigt. Er selbst stellt sich die entsprechenden Fragen, und auch seine Äußerungen Ihnen gegenüber beziehen sich auf den Konflikt, in dem er sich gerade befindet. Wenn Sie nun glauben, er sei schon „abschlussreif", und darum in Ihrer Argumentation auf die Abschlussphase abheben, reden Ihr Gegenüber und Sie aneinander vorbei.

Oder umgekehrt: Hat sich der Kunde bereits für Sie und Ihre Lösung entschieden und will etwa über den Preis sprechen, Sie aber noch Argumente vortragen, mit denen Sie ihn vom Nutzen Ihrer Lösung überzeugen wollen, grummelt er innerlich: „Was redet der da denn noch, ich will doch investieren!"

	Phase I Bedarf definieren	Phase II Möglichkeiten untersuchen	Phase III Risiko abschätzen
Wie der Kunde denkt	**Bedarf prüfen** ■ Muss ich wirklich etwas ändern? ■ Was brauche ich? ■ Was kostet es?	**Alternativen prüfen** ■ Löst das mein Problem? ■ Was davon trifft meinen Bedarf? ■ Wie kann ich es verifizieren?	**Aktionen durchführen** ■ Soll ich es tun? ■ Was sind die Konsequenzen? ■ Ist das der beste Preis, den ich bekommen kann?
Wie der Verkäufer darauf eingeht	**Bedarf entwickeln** ■ Schaffe eine Vision von der Lösung. ■ Strukturiere den Verkaufsprozess.	**Beweisen** ■ Zeige, wie die Möglichkeiten der Lösung zu der Vision des Kunden passen. ■ Hilf dem Kunden, eine genaue Wertvorstellung von der Lösung zu entwickeln.	**Auftrag holen** ■ Warum jetzt? ■ Warum wir? ■ Hilf dem Kunden, die Angst vor den Konsequenzen realistisch zu sehen.
Was jetzt besonders wichtig ist	**Akquisition** Die Person des Verkäufers und seine Überzeugungskraft	**Annäherung** Die Lösung und ihr konkreter Nutzen für den Kunden	**Abschluss** Das Unternehmen des Verkäufers und seine Reputation

Abb. 19: Verhaltensweisen in den drei Ablaufphasen des Verkaufsprozesses

Tipp aus der Praxis

Nachdem Sie festgestellt haben, wo Ihr Gesprächspartner steht, überlegen Sie, wie Sie ihn abholen können, sprich: welche Entscheidungshilfen Sie ihm geben müssen, um Ihr Ziel – den Auftrag – zu erreichen.

Setzen Sie die richtigen Entscheidungshilfen ein

Schauen Sie sich bitte noch einmal die Tabelle auf Seite 122 an: In der Akquisitionsphase ist Ihre Person, Ihre Persönlichkeit, Ihre Überzeugungskraft von besonderer Bedeutung, in der Annäherungsphase der Nutzen für den Kunden, in der Abschlussphase schließlich die Reputation Ihres Unternehmens. Differenzieren Sie je nach Phase die Entscheidungshilfen, die Sie bieten. Bei der Annäherung und der Nutzendarstellung zum Beispiel kommt es sehr auf die Stichhaltigkeit Ihrer Argumente an. Die Reputation Ihres Unternehmens können Sie belegen, indem Sie Kundenreferenzen präsentieren oder den Zeitungsartikel hervorziehen, der vor einiger Zeit in der bedeutenden Fachzeitschrift erschienen ist.

Grundsätzlich stehen Ihnen vier Möglichkeiten mit verschiedenen Wertigkeiten zur Verfügung, mit denen Sie Ihren Gesprächspartner zu der Entscheidung führen, Ihre Lösung zu kaufen:

- Wertigkeit 1: der Augenschein
- Wertigkeit 2: Zeugen und Referenzen
- Wertigkeit 3: Sachverständige (zum Beispiel TÜV, Fachbereiche)
- Wertigkeit 4: die Argumente des Verkäufers.

So mancher von Ihnen mag nun aufschreien und beklagen, dass die Argumente des Verkäufers an der letzten Stelle stehen. Sind die Verkäuferargumente wirklich so unglaubwürdig? Nein, natürlich nicht. Auch Ihre Argumente können Glaubwürdigkeit und Vertrauen auf Seiten des Entscheiders erzeugen. Trotzdem: In der Wertigkeitsskala rangieren die Argumente eher im hinteren Bereich. Fragen Sie sich einmal selbst, wann Sie am ehesten Ihr Vertrauen schenken:

- Der Verkäufer behauptet von sich, den besten PC aller Zeiten zu verkaufen. Das belegt er auch mit stichhaltigen Argumenten.
- Bei einem Test in der Zeitschrift Computerwoche hat der PC sehr gut abgeschnitten. Der Verkäufer legt Ihnen den Bericht vor.
- Der Verkäufer gibt Ihnen die Telefonnummer eines Kunden, dem er ebenfalls diesen PC verkauft hat. Dieser Kunde hat sich als Referenzkunde zur Verfügung gestellt. Sie rufen ihn an und lassen sich über den PC berichten. Der Bericht fällt sehr positiv aus.

- Sie können den PC selbst in Augenschein nehmen und ihn zwei Wochen lang in Ihrem Büro testen.

Vielleicht stimmen Sie mir jetzt zu: Grundsätzlich lässt sich sagen, dass Argumente zu den eher schwächeren Beweisen gehören. Das Problem: Sie verkaufen Lösungen, die sich nicht „anfassen" lassen, so lange der Kunde sie noch nicht gekauft hat. In der Regel geht es ja darum, ihn von der Sinnhaftigkeit einer Investition zu überzeugen, die er jetzt *nicht* in Augenschein nehmen kann.

Aber wie gesagt: Oft fällt die Möglichkeit, die Lösung „in Augenschein zu nehmen" weg. Und dass Redakteure, Autoren oder Tester in Zeitschriften oder andere anerkannte Gewährspersonen die Vorteile und den Nutzen Ihrer Lösung beschrieben und belegt haben, kann ebenfalls nicht vorausgesetzt werden.

Natürlich: Wenn es Ihnen möglich ist, gehören solche Berichte in das Verkaufsgespräch hinein! In den meisten Fällen jedoch sind Sie auf „Zeugen und Referenzen" und Ihre kluge Argumentation angewiesen. Mit Kreativität und Klugheit ist dies durchaus ein Pfund, mit dem Sie kräftig wuchern können.

Überzeugen Sie mit Referenzen

Versuchen Sie wo immer möglich, durch eine aktive Referenzkundenstrategie zufriedene Kunden zu Zeugen der Qualität Ihrer Arbeit zu machen. Glaubwürdig ist es, wenn Sie nicht nur Unternehmen, sondern Ansprechpartner nennen und zitieren können. Denn die Qualität der authentischen Referenzaussage ist zumeist bedeutsamer als der bloße Umfang der Liste und wirkt überzeugender. „Darf ich Sie in meinen Unterlagen als zufriedenen Kunden nennen?", „Sind Sie bereit, einen Referenzbrief zu schreiben?" und „Darf ich Ihre Telefonnummer weitergeben?" – so Ihre Fragen, um zu authentischen Referenzaussagen zu gelangen.

	Unternehmensname und Ansprechpartner				
	zu Problem 1	zu Problem 2	zu Problem 3	zu Problem 4	zu Problem 5
Entscheidendes Problem	Kunden sind unzufrieden mit Liefertreue.	Langsam anlaufende Aktionsverkäufe.	Nicht verfügbare Produkte führen zu Umsatzausfällen.	Motivation im Verkauf sinkt, weil Provision bei Nichtverfügbarkeit entfällt.	Wettbewerber stören durch unregelmäßig ausgeführte Preisaktionen den Abverkauf.
Wesentliche Ursache	Verkäufer verfügt über unzureichende Informationen im Verkaufsgespräch.	Informationen über Aktionspreise sind während des Kundenkontaktes nicht präsent.	Kunde entscheidet sich für Produkte des Wettbewerbers.	Verkäufer hat kaum Möglichkeiten, alternative Produkte anzubieten.	Es dauert mehrere Tage, bis die Rückmeldung über die Wettbewerbspreise in der Zentrale bekannt wird und dort Gegenmaßnahmen beschlossen werden können.
Lösungsidee	Sofortige Verfügbarkeit aller Bestände durch Onlineanbindung.	Aktionsware wird über Onlineanbindung auffällig präsentiert.	Bei Nichtverfügbarkeit empfiehlt der Verkäufer alternative Produkte aus dem verfügbaren Bestand.	Bei Nichtverfügbarkeit empfiehlt der Verkäufer alternative Produkte aus dem verfügbaren Bestand.	Verkäufer geben preisbedingte Umsatzausfälle online ins System. Die Information erscheint tagesaktuell und kundenorientiert in der Zentrale.
Zählbares Ergebnis	Kundenzufriedenheit steigt um x %: Kunden können sich auf die Information des Verkäufers verlassen!	Umsatzsteigerung bei Aktionen um y %: Aktionsware wird tagesaktuell verkauft. Keine ungewollten Auftragsbestände.	Lagerumschlag steigt um z %: Bessere Ausnutzung des Warenbestandes. Weniger Stornos. Höhere Kundenzufriedenheit.	Fluktuation sinkt um x %: Verkäufer hat es selbst in der Hand, alternative Produkte zu verkaufen. Höhere Motivation.	Schaden durch Wettbewerbsaktionen halbiert sich. Gegenmaßnahmen können tagesaktuell und evtl. regional begrenzt ergriffen werden. Geringere Umsatzausfälle.

Abb. 20: Problemtabellen zur Gewinnung von Referenzkunden einsetzen

Setzen Sie die richtigen Entscheidungshilfen ein

Nutzen Sie Ihre Problemtabellen

Als Sie dabei waren, Ihre Top-Entscheider zu akquirieren, haben Sie Problemtabellen entworfen, um ihnen zu zeigen, welches ihr brennendes Problem ist – und Ihre Lösung. Nutzen Sie nun diese Tabellen für Ihre Referenzkundenstrategie, indem Sie diejenigen Problemtabellen verwenden, die Sie für konkrete Unternehmen erstellt haben. Natürlich sollten Sie sich zuvor das Einverständnis des Kunden dazu einholen.

Das heißt: Im Idealfall können Sie dem aktuellen Gesprächspartner unter Nennung des Unternehmens und des damaligen Ansprechpartners Schritt für Schritt zeigen, wie Sie Probleme gelöst haben, die seinen ähneln. Eine entsprechende Tabelle schaut dann (idealtypisch) so aus (siehe Seite 125).

Übung: Referenzbeispiele
Finden Sie Referenzbeispiele aus Ihrer verkäuferischen Praxis. Erstellen Sie eine entsprechende Tabelle, in der Sie das Problem, dessen Ursachen, die implementierte Lösung und die erzielten messbaren Ergebnisse beschreiben.

Verbessern Sie Ihre Argumentationsstrategie

Ihre wichtigste Entscheidungshilfe ist und bleibt Ihre Fähigkeit der kundennutzenorientierten Argumentation. Selbst wenn Sie über keine Zeugen, Referenzen und Gewährspersonen verfügen, können Sie Ihren Wunschkunden überzeugen, ihn zum Abschluss bewegen und Umsatz generieren. Dies gelingt, wenn Sie die *richtigen* Argumente zur *richtigen* Zeit präsentieren und Werkzeuge einsetzen, die den Fortgang der Entscheidungsfindung bei Ihrem Entscheider in Bewegung halten.

Das richtige Argument zum richtigen Zeitpunkt

Wir unterscheiden drei unterschiedliche Arten von Verkaufsargumenten. Da sind zunächst einmal die *Produktargumente*. Sie beschreiben die charakteristischen Eigenschaften eines Produkts oder einer Dienstleistung:

- „Das kostet nur 195 Euro pro Stunde."
- „Wir liefern grundsätzlich innerhalb einer Woche."
- „Wir bieten ein dreistufiges Servicekonzept."

Produktargumente wirken vor allem positiv in Verkaufsgesprächen, in denen es um Produkte mit niedrigem Preis geht. Stehen hingegen Entscheidungen zu großen Investitionssummen an, wirken sie zuweilen sogar kontraproduktiv und sollten von Ihnen im Gespräch mit dem Kunden nicht genutzt werden. Das fällt vielen Verkäufern schwer, die sich gerne und langatmig in eben der Darstellung der Produktvorteile ergehen.

Vorteilsargumente zeigen auf, wie ein Produkt oder eine Dienstleistung verwendet werden kann und wie sie dem Kunden helfen können:

- „… und das bedeutet wesentlich geringere Unterhaltskosten."
- „Die automatisierte Abschaltung spart Strom."
- „Unsere Maschine verursacht wesentlich weniger Schadstoffemissionen als Ihre heutige Maschine."

Vorteilsargumente wirken ebenfalls positiv in Verkaufsgesprächen über Produkte mit niedrigem Preis. Aber auch sie erzielen kaum einen Effekt in Verkaufsgesprächen zu größeren Investitionen. Zudem verlieren sie ihre Wirkung in der späteren Phase des Verkaufszyklus.

Nutzenargumente schließlich zeigen auf, wie ein Produkt oder eine Dienstleistung die bereits vom Kunden geäußerten Bedürfnisse befriedigt:

- „Sie möchten sofort anfangen? Wir könnten gleich heute ab Lager liefern."
- „Das wird den Geschwindigkeitszuwachs bringen, den Sie benötigen."
- „Die von Ihnen geforderten maximalen Systemausfallzeiten werden mit unserem Angebot sogar noch um 30 Prozent unterschritten."

Nutzenargumente wirken generell positiv in Verkaufsgesprächen jeder Größenordnung und erzielen die stärkste Wirkung bei großen Investitionssummen. Abbildung 21 zeigt, dass es die Nutzenargumente sind, die in *jeder* Phase des Verkaufsprozesses die höchste Wertigkeit haben.

Tipp aus der Praxis

Arbeiten Sie im Gespräch mit Ihrem Top-Entscheider vor allem mit Nutzenargumenten, um den Entscheidungsprozess voranzubringen.

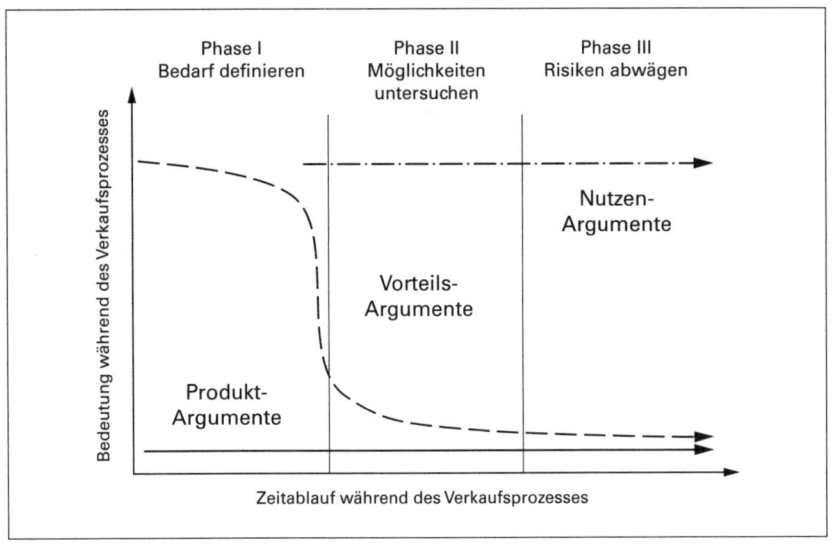

Quelle: nach Michael Bosworth, Solution Selling, 1995

Abb. 21: *Entwicklung der Bedeutung von Vorteils-, Produkt- und Nutzenargumenten im Verkaufsprozess*

Kunden fokussiert zum Abschluss leiten

Der beste Verkäufer im Vision Selling ist der, der dem Käufer die Kaufentscheidung leicht macht, ihn zur Entscheidung leitet und ihm nach dem Abschluss weiterhin das gute Gefühl gibt, das Richtige getan zu haben. Dafür gibt es eine Reihe erfolgserprobter Strategien, die auf psychologischen Mustern beruhen. Sie basieren im Wesentlichen auf den wissenschaftlichen Arbeiten von Professor Robert Cialdini. Mein Tipp: Jeder Verkäufer sollte diese Strategien kennen – auch wenn nicht jeder alle in jedem Fall anwenden wird – denn sie erleichtern den fokussierten Weg zum Abschluss.

Strategie 1: Erzeugen Sie bewusst Sympathie

Es ist gar keine Frage, dass Top-Entscheider und ihre Entourage auch von Ihnen als Verkäufer ein entsprechendes Auftreten erwarten: gehobene Businesskleidung, Etikette, Sprache, Ausbildung, Weltgewandtheit und gute Umgangsformen gehören dazu. Warum eigentlich? Weil Menschen mögen, was ihnen ähnlich ist. Also auch andere Menschen, die ihnen ähnlich sind. In Auftreten, Aussehen und Verhalten. Warum das nun wieder? Weil sie sich dadurch auf einer tiefen Wahrnehmungsebene in ihrem Darstellen und Verhalten gespiegelt fühlen. Und dem anderen unbewusst unterstellen: Der denkt ähnlich wie ich, der hat ähnliche Erfahrungen gemacht, der fühlt so wie ich. Und das sind die Grundvoraussetzungen der Sympathie. Diesen können Sie nahe kommen durch die folgenden Punkte, die Sie sehr wohl beeinflussen können:

- Äußerliche Attraktivität
- Ähnlichkeit (Auftreten, Statussymbole, Verhalten, Sprache)
- Unerschütterliche Freundlichkeit
- Wertschätzung (Lob)
- „An einem Strang ziehen", „in einem Boot sitzen"

Wir vertrauen Menschen, die mit uns kooperieren, um mit vereinter Kraft ein gemeinsames Ziel zu erreichen. In diesem Fall: die optimale Lösung für das Problem des Entscheiders. Zeigen Sie Ihrem Kunden, dass Sie sein Kooperationspartner sind. Dass Sie auf seiner Seite sind. Dass Sie in seinem Sinne denken und handeln.

Strategie 2: Reziprozität

Reziprozität steht für das tief im Menschen verankerte Bedürfnis, Gutes aufzuwiegen und nicht in eine „Schuld" zu geraten. Hat einem einer mehrere Gefallen erwiesen, fühlt sich jeder Mensch verpflichtet, dieses „Gefälle" mindestens auszugleichen. Eine Reihe von Soziologen hat bewiesen, dass diese Verhaltensweise in fast allen menschlichen Gesellschaften sehr verbreitet ist. Daher: Gehen Sie in Vorleistung. Denken Sie immer ein Stück weiter voraus, machen Sie Ihren Kunden immer wieder eine Freude, gehen Sie immer eine Extra-Meile. Auf die mittlere Frist zahlen Ihre Kunden Ihnen das zurück. Darauf können Sie sich verlassen.

Strategie 3: Nutzen Sie das Kontrastprinzip

Das Kontrastprinzip besagt, dass unsere Wahrnehmung nicht absolut ist, sondern durch die zuletzt empfangenen Eindrücke justiert wird. Will heißen, wenn die Rede auf sehr große (wenn auch von Ihnen sicher nicht ganz genau bezifferte) Summen kommt, mit denen Firma XY (nachgewiesenermaßen) investiert hat, relativiert sich im Kontrast dazu die verhältnismäßig moderate Summe, um die es in der momentanen Verhandlung geht. Sie können Strategie 2 mit dem Kontrastprinzip kombinieren. Dabei ergibt sich die Strategie der Neuverhandlung nach Zurückweisung: Sie sprechen ganz bewusst über eine überdimensionierte Lösung, die der Kunde ablehnen muss. Nun wird er Ihre (kleinere) Lösung weitaus leichter akzeptieren.

Strategie 4: Exklusivität bedarf der Knappheit

Dieses Prinzip besagt, dass uns die Möglichkeiten um uns herum umso attraktiver erscheinen, je weniger sie erreichbar sind. Knappe Ware ist wertvolle Ware. Top-Kunden erwarten Top-Behandlung, exklusive Kunden erwarten exklusive Behandlung und vor allem exklusive Angebote. Möglichkeiten, die man nicht jedem eröffnen würde, weil sie gar nicht jeder nutzen könnte. Geben Sie Ihren Kunden dieses Gefühl! Und letztlich stimmt es ja auch – denn nur Ihre Wunschkunden (siehe S. 46 ff.) kommen für das Produkt in Frage.

Strategie 5: Soziale Bewährtheit ist das Referenzmuster

Autorität verleiht Sicherheit. Auch bei der Abschlussentscheidung. Autoritäten, das sind in dem Fall Referenzkunden mindestens gleicher Größe, Reputation oder Bekanntheit. Auf Referenzen zu setzen, ist ein menschliches Verhaltensmuster, das große Vorteile hat: Nicht jedes Individuum muss Zeit und Energie einsetzen, um sich ein genaues Bild von der Lage zu verschaffen. Es ist ökonomisch, sich auf Meinungsführer zu verlassen, die man selbst als kompetent empfindet. Daher müssen Sie geeignete Referenzkunden finden, die dem Bedürfnis des Kunden nach sozialer Konformität entsprechen (siehe S. 124).

Strategie 6: Ihre Freunde: Commitment und Konsistenz

Konsistenz ist in unserer Gesellschaft eine hoch angesehene Persönlichkeitseigenschaft. Jemand, dessen Überzeugung, Aussagen oder Handlungen in Widerspruch zueinander stehen, wird als verwirrt, schwach oder falsch eingeschätzt. Konsistenz gilt dagegen als stark, logisch, vernünftig und stabil. Daher neigen Menschen dazu, an einmal getroffenen Entscheidungen (Commitment) festzuhalten (Konsistenz). Unterstützen Sie dies dadurch, dass Sie den Kunden durch das Entscheidungsflimmern (siehe S. 148) hindurch beständig serviceorientiert weiter begleiten. Das ist Ihr bestes Retention-Management!

Strategie 7: Autorität des Experten

Menschen lassen sich von Autorität leiten. Das berühmte Milgram-Experiment zeigte auf gespenstische Weise, dass schon ein weißer Kittel und ein Klemmbrett genügend Autorität ausstrahlen, um einen durchschnittlichen Menschen in erheblichem Maße zu manipulieren.

Geschickte Verkäufer wissen, dass es ratsam ist, sich als Experte für die anstehende Entscheidung zu positionieren. Ohne Überheblichkeit, aber dennoch fachkundig werden Sie so in der Lage sein, den Vertriebsprozess zu führen.

Fazit: Verkaufen ist nicht Manipulieren. Doch psychologische Muster zu erkennen, ist für jeden erfolgreichen Verkäufer wichtig. Was ihn nicht weiterbringen wird: manipulative Techniken einzusetzen. Manipulation wirkt nur kurzfristig. Kompetenz und Know-how, mit den richtigen Strategien charmant präsentiert, bringen langfristigen Erfolg im Vision Selling.

Sorgen Sie für Glaubwürdigkeit

Im Mittelpunkt Ihrer Argumentationsstrategie stehen also die Nutzenargumente. Wie aber können Sie diesen Argumenten weitere Glaubwürdigkeit verleihen? Die folgenden Werkzeuge helfen Ihnen, den Fortgang der Entscheidungsfindung bei Ihrem Kunden in Bewegung zu halten.

Überzeugen Sie mit einem Evaluationsplan

Sobald Sie die theoretische Eignung Ihrer Lösung dargestellt haben und Ihr Kunde dies akzeptiert hat, folgt zumeist die Forderung nach einem Test. Der Gesprächspartner möchte wissen, was ihn erwartet, und eine Grundlage haben, den Erfolg Ihrer Lösung einzuschätzen. Da Sie ihm die Lösung nicht – wie es bei einem Produkt möglich wäre – „vorführen" können, hat es sich bewährt, einen Evaluationsplan zu erstellen. Kommen Sie Ihrem Kunden zuvor und bieten Sie ihm an, einen solchen Test durchzuführen und zu evaluieren. Der wesentliche Punkt ist, dass der Entscheider und Sie *vor* Beginn der Testerstellung genau vereinbaren, was bis wann getestet wird und welches der nächste Schritt ist, der bei einem positiven Testausgang erfolgt.

Vermitteln Sie Sicherheit und Entschlossenheit
Sie erhöhen Ihre Glaubwürdigkeit beträchtlich und beschleunigen den Entscheidungsprozess, wenn Sie Ihrem Kunden die Sicherheit geben, jederzeit „aussteigen zu können" – etwa dann, wenn die Lösung ihm doch nicht den erwarteten Nutzen bringt. Der Evaluationsplan führt Ihrem Entscheider glasklar den Ablauf des Tests vor Augen. So entgehen Sie dem Problem, das bei unstrukturierten Teststellungen fast immer auftaucht: „Jetzt haben wir einiges getestet, aber wir sind noch nicht zu einer Entscheidung bereit. Sie müssen uns noch Zeit geben ..." – so der Gesprächspartner. Der stringente Ablauf des Tests, der im Evaluationsplan festgehalten ist, lässt dem Entscheider keine Möglichkeit, diese Ausflucht zu nutzen.

Das erreichen Sie mit dem Evaluationsplan

Sie eröffnen sich die Gelegenheit,

- mit allen Schlüsselpersonen, die durch die Einführung der Lösung Nutzen haben werden, kurz zu sprechen.
- Ergebnisse des Evaluationsplans dem Management des Kunden zu präsentieren.
- alle notwendigen Details zu sammeln, die zur Implementierung der Lösung notwendig sind.
- genau festlegen zu können, wann die Investitionsentscheidungen fällig sind.
- alle Go/No-Go-Entscheider kennen zu lernen.
- alle Schritte für die Implementierung genau festzulegen und zeitlich zu planen.
- Meilensteine für Go/No-Go-Entscheidungen festzulegen.

Das heißt: Der Evaluationsplan erfüllt gleich zwei wichtige Funktionen:

1. Sie können ihn im Verkaufsgespräch als unterstützende Argumentationshilfe nutzen.
2. Und er dient später der konkreten Umsetzung der Lösung, die der Top-Entscheider bei Ihnen eingekauft hat.

Und hier ein Beispiel für einen Evaluationsplan, den Sie mit Ihrem Entscheider vereinbaren:

Aktion	Datum	Go/No-Go-Entscheidung
Treffen mit IT-Abteilung zur Klärung der offenen Fragen	3.11.	
Vorstellung der Lösung im Geschäftsleitungsmeeting. Eignungsbeweis. Einwilligung in den Evaluationsplan	8.11.	*
Workshop zur Ausarbeitung der Lösung und des genauen Investitionsbedarfs und des geplanten Return on Investment. Dauer: 2 Tage. Kosten 4 000 Euro an Beratungsleistung	13.11.	
Präsentation in der Geschäftsleitung und Genehmigung der weiteren Schritte	20.11.	*
Ausarbeitung eines Projektplans zur Einführung der Lösung und Genehmigung durch die IT-Abteilung	21.11.	*
Beginn des Pilotbetriebs mit fünf Außendienstmitarbeitern. Erfolgskriterien für Pilot stehen fest. Investition in Höhe von 30 000 Euro	1.12.	
Abschluss-Präsentation der Ergebnisse des Pilotbetriebs. Entscheidung in der Geschäftsleitung über die Freigabe der restlichen Investition für den kompletten Außendienst. Auftragsvergabe	15.1.	*
Beginn des Roll-out an den kompletten Außendienst	18.1.	
Projektabschluss	8.2.	

Abb. 22: Beispiel für einen Evaluationsplan

Mit einem Plan nach diesem Muster, der vorher mit den maßgeblichen Entscheidern vereinbart wurde, steht allen Beteiligten der weitere Weg klar vor Augen. Zur Sicherheit des Kunden sind Entscheidungstermine vereinbart, zu denen er sich aus dem Projekt zurückziehen kann. Zu Ihrer Sicherheit ist der nächste Schritt in Richtung Auftrag bei positiver Beurteilung der Teilergebnisse ebenfalls deutlich.

Übung: Evaluationsplan

Nehmen Sie sich die Unterlagen zu einem Vertriebsprojekt vor, das noch nicht weit vorangeschritten ist. Stellen Sie sich vor, der Top-Entscheider nimmt Ihre Lösung an. Und dann erstellen Sie einen Evaluationsplan nach dem oben stehenden Muster.

Schreiben Sie einen begeisternden Visions-Brief

Es ist vor allem Ihr Ziel, die positiven Folgen der Investition und der Lösung, die Sie anbieten, beim Kunden zu platzieren. Sie müssen dafür sorgen, dass Ihr Ansprechpartner versteht, welchen konkreten Nutzen er nach dem Kauf genießen kann. So weisen Sie ihn immer wieder darauf hin, dass Ihre Lösung ihm hilft, seine Vision zu leben: nämlich seinen größten Engpassfaktor zu beseitigen und eine strikt nutzenorientierte Problemlösung von Ihnen zu erhalten.

Um dieses Ziel zu erreichen, können Sie zusätzlich zu Ihren Gesprächen und Ihrer Argumentationsstrategie die schriftliche Kommunikation nutzen und einen „Visions-Brief" verfassen. Ein Visions-Brief muss bestimmte Eigenschaften aufweisen, damit er seine volle Wirkung erzielen kann. Hier ein Beispiel für einen Brief dieser Art, der sich an den Marketingleiter Ihres Kunden richtet. In den Gesprächen haben Sie erkannt, dass an der endgültigen Entscheidung über die Investition weitere Personen beteiligt sind, hier der Geschäftsführer.

Einen solchen Visions-Brief finden Sie für Ihre eigene Arbeit online zum Download unter www.visionselling.de (Passwort: GABVIS).

Fazit: Dieser Brief umfasst die folgenden Merkmale:

1. Das Problem wird nochmals, wie im Gespräch bereits geschehen, formuliert. Und zwar möglichst mit den Worten des Kunden.

2. Die Ursachen des Problems werden wiederholt.

3. Die Möglichkeiten der angebotenen Lösung und der daraus resultierende Nutzen werden nochmals festgehalten.

4. Es wird vereinbart, die Lösung einer ernsthaften Prüfung zu unterziehen. Der Entscheider kann den Fortschritt der Lösungsimplementierung kontrollieren.

5. Sie legen fest, dass Sie mit dem Geschäftsführer sprechen können, wenn Sie den Marketingleiter überzeugt haben. Sie vereinbaren damit

> Sehr geehrter Herr <Marketingleiter>,
>
> wir hatten ein Gespräch in angenehmer Atmosphäre in Ihrem Haus. Vielen Dank für die offene und inspirierende Unterredung.
>
> Sie suchen eine Lösung, um Ihre 45 Außendienstmitarbeiter online an die zentrale Warenwirtschaft anzubinden. So wollen Sie die Aufträge direkt beim Kunden erfassen und die Verkäufer mit aktuellen Lagerbeständen versorgen. Im Laufe unseres Gespräches entstand weiterhin die Idee, bei nicht verfügbaren Artikeln automatisch Ersatzartikel vorzuschlagen. Ihr Kollege Herr Huber sah darüber hinaus die Möglichkeit, aktuelle Aktionen und Promotionspreise ohne Zeitverzögerung zum Außendienst zu bringen. Heute leben Sie mit der Situation, dass Ihre Verkäufer nur einmal pro Tag Ihre Aufträge einreichen. Sie sind nicht in der Lage, ausverkaufte Artikel zu erkennen oder Ersatzartikel anzubieten. Rund 20 Prozent der täglich eintreffenden Auftragspositionen können nicht wunschgemäß sofort geliefert werden. Das verursacht erhebliche Auftragsrückstände und zum Teil Stornos sowie Unzufriedenheit bei Kunden und Verkäufern.
>
> Sie sagten, dass Auftragsrückstände und Stornos auch die Ziele Ihres Logistikleiters und des Finanzvorstandes betreffen. In unserer Besprechung haben Sie eingewilligt, unsere Lösung ernsthaft in Betracht zu ziehen. Sobald wir die Eignung unserer Lösung für Ihr Unternehmen vorweisen können, sind Sie bereit, uns einen Termin mit Ihrem Geschäftsführer, Herrn Obermaier, zu vereinbaren. Sie sagten bereits, dass auch er mit der bestehenden Situation der Auftragsrückstände bei gleichzeitiger Verfügbarkeit von Ersatzartikeln unzufrieden ist.
>
> Wenn Sie interessiert sind, kann ich ein Gespräch zwischen Ihnen und Herrn <Referenzkunde> arrangieren, der Ihnen mit seinen Worten erläutern wird, was unser Unternehmen bei der Realisierung seiner Außendienstanbindung geleistet hat.
>
> Mit freundlichen Grüßen

Abb. 23: Muster für einen Visions-Brief

den nächsten wichtigen Schritt auf dem Weg zum Auftrag. Ihrem Gesprächspartner wird klar, dass er nicht „nur mal gucken" kann, sondern mit einem professionellen Anbieter spricht.

6. Sie bieten an, dass der Entscheider einen Referenzkunden sprechen kann – ein Angebot, das ein ernsthafter Interessent kaum ausschlagen wird.

> **Übung: Visions-Brief**
>
> Schreiben Sie – wiederum bezogen auf einen aktuellen Kunden – einen Visions-Brief. Halten Sie sich beim ersten Versuch strikt an die genannten sechs Merkmale.

Führen Sie beim Kunden eine Nicht-Präsentation durch

Bevor ich auf die Nicht-Präsentation eingehe, eine Vorbemerkung. Eine Präsentation – bzw. eine Nicht-Präsentation – ist immer auch eine Unterstützung Ihrer Argumentationsstrategie. Aber natürlich weist sie weit darüber hinaus! Allein die Tatsache, dass Sie Ihre Lösung vor einem größeren Publikum darstellen, belegt die überragende Bedeutung dieser Ansprache Ihrer Top-Entscheider – auch wenn diese Art der Präsentation vollkommen anders abläuft, als Sie es gewohnt sind. Das heißt: Sie dient nicht nur der Unterstützung Ihrer Argumentationsstrategie, sondern ist zugleich eine der wirkmächtigsten Instrumente des Vision Selling.

Das Ende der klassischen Präsentation

Präsentationen werden immer raffinierter. Endlose Stunden fließen in die Gestaltung. Egal ob per Folie oder Notebook. Ohne eine ausgefeilte Präsentation lassen Unternehmen ihre Verkäufer kaum noch auf die Straße. Und dann fließen noch mehr Stunden in das erfolglose „Absitzen und Aushalten" der ausgefeilten Powershow: Stolz auf die schönen Bilder und die gelungenen Produkte wird präsentiert, was das Zeug hält – und dabei leider vergessen, was die größte Tugend im Verkauf ist: Zuhören!

Auch hartgesottene Vertriebs-Profis tappen in die Kino-Falle: Der Kunde lehnt sich zurück und sagt: „Nun zeigen Sie mal, was Sie für uns haben ..." Wer kann sich schon einer solchen Aufforderung entziehen? Und schon flimmern die Bilder über die Leinwand oder die Folienschlacht beginnt. Im schlimmsten Fall bei leicht abgedunkeltem Umgebungslicht. Das Resultat ist eine prächtige Show ohne zählbares Ergebnis.

Wie sieht die Lösung aus? *Sie* müssen sich dieser Aufforderung entziehen! Bei Vision Selling gibt es keine Präsentationen im üblichen Sinne mehr. Damit ist Schluss: Sie stehen am Notebook und präsentieren den Top-Entscheidern des Kundenunternehmens anhand vorbereiteter Folien, Statistiken und Grafiken Produktvorteile, Nutzenversprechen, Dienstleistungsnutzen.

Tipp aus der Praxis

Vision Selling steht für Zuhören. Bei Vision Selling gibt es nur Antworten auf die vom Kunden gestellten Fragen, keine langatmigen Antworten auf Fragen, die nie gestellt (sondern nur unterstellt) wurden! Es gilt: Sie gehen ergebnisoffen in die Präsentation. Die „Nicht-Präsentation" ist die Methode, die es erlaubt, zunächst gut zu verstehen – auch bei einem größeren Arbeitskreis – um dann besser verstanden zu werden.

„Heute haben wir eine Nicht-Präsentation für Sie vorbereitet"

Wenn Sie nun aber glauben, eine Nicht-Präsentation entlaste Sie von der Vorbereitung, haben Sie sich getäuscht. Im Gegenteil. Sie bereiten sich noch intensiver vor als bei einer normalen Präsentation. Der erste Schritt:

Sie laden alle Teilnehmer der Präsentation schriftlich ein. Und zwar so:

„Sehr geehrte Frau Dr. Maivoll,

wir werden uns am xx.xx. von 10 bis 11:30 Uhr mit dem spannenden Thema <Ihr Thema> beschäftigen. Bitte bereiten Sie sich auf unser Gespräch vor, indem Sie sich Fragen notieren, die Sie im Zusammenhang mit diesem Thema bewegen. Als kleine Anregung möchte ich Ihnen einige Beispielfragen vorstellen, wie sie zu ähnlichen Anlässen mit Gesprächspartnern Ihrer Branche gestellt wurden:

<Liste von typischen Fragen, wie Sie sie aus vorangegangenen Präsentationen kennen>

Ich freue mich auf den Termin in Ihrem Hause und kann Ihnen schon jetzt zusagen, dass wir mit aller Kraft daran arbeiten, Ihre Fragen zu Ihrer vollsten Zufriedenheit beantworten. Bitte unterstützen Sie uns dabei, indem Sie sich die Mühe machen und einige Minuten in die schriftliche Vorbereitung investieren.

Wenn Sie es schaffen, Ihre Fragen bis zum yy.yy. zu formulieren, könnten Sie sie auch an Ihrname@firma.de senden. Dann können wir uns noch intensiver einstimmen.

Mit freundlichen Grüßen"

Abb. 24: Beispiel für eine Einladung zur Präsentation

Die vorab zurückgesandten Karten und evtl. noch einige Fragen, von denen Sie denken, dass sie schon im Vorfeld formuliert wurden, notieren Sie auf Moderationskarten. Diese Fragen hängen Sie zu Beginn der Veranstaltung an eine Pinnwand.

> **Tipp aus der Praxis**
>
> Oft ist keine Pinnwand vor Ort vorhanden. Ersatzweise genügt auch ein Flipchart. Das Papier wird mit ablösbarem Klebestift (erhältlich im Moderations-Fachhandel, z. B. bei den bekannten Trainer-Ausrüstern) eingestrichen. Das so präparierte Papier können Sie leicht mit etwas Kreppband an jeder Wand befestigen. Eine weitere Möglichkeit sind die ebenfalls im Fachhandel erhältlichen selbstklebenden Moderationskarten im 25er Block. Diese kleben an jeglicher glatten Fläche und sind wieder ablösbar.

Abbildung 25 zeigt einige Beispiele für Fragestellungen aus Nicht-Präsentationen aus dem Bereich IT-Hardware-Verkauf.

Im Gespräch dann haben Sie Ihre Folien oder Ihr Notebook dabei. Sie erklären, dass Sie ausführlich vorbereitet sind, aber keine Zeit mit Überflüssigem verschwenden wollen. Wirkungsvoll ist auch die Eröffnung: „Heute haben wir eine Nicht-Präsentation für Sie vorbereitet." Sie legen einen Stapel frischer Moderationskarten samt Filzschreibern auf den Besprechungstisch. Einige Karten haben Sie ja bereits vorbereitet. Dann erklären Sie: „Wir möchten uns bei unserem Termin auf die für Sie wichtigen Punkte konzentrieren. Wir haben bereits Fragen formuliert, von denen wir denken, dass Sie die Antworten darauf von uns erwarten."

Befestigen Sie die Karten mit diesen Fragen an der Pinnwand oder kleben Sie die Fragen auf ein Flipchart. Bitten Sie die Teilnehmer, ihre zusätzlichen Fragen zu notieren: „Wir werden dann dafür sorgen, dass sich unsere Präsentation darauf konzentriert, diese Fragen gezielt zu klären." Fragen fangen (fast) immer mit einem „W" an und enden immer mit „?". Hängen Sie Karten, auf denen nur Stichwörter genannt sind, *nicht* auf. Bitten Sie den Teilnehmer, eine konkrete Frage zu stellen. Helfen Sie notfalls bei der Formulierung.

Wie lange dauert der Austausch von 80 Arbeitsplätzen?	Wie können die lokalen Daten der bestehenden PC's gesichert werden?
Wie sichern wir die Kompatibilität zu künftigen PC-Modellen?	Wie werden die Altgeräte zuverlässig und sicher entsorgt?
Wir wird die individuelle Konfiguration der Arbeitsplätze gesteuert?	Wir lange dauert die Wiederherstellung nach einem Plattenfehler?

Abb. 25: Beispiele für Fragestellungen aus Nicht-Präsentationen

Tipp aus der Praxis

Meine Erfahrung zeigt: Die Nicht-Präsentation funktioniert sehr gut. Wenn Teilnehmer der Vision-Selling-Seminare berichtet haben, dass sie Probleme bei der Nicht-Präsentation hatten, stellt sich eigentlich immer heraus, dass sie eine wichtige Voraussetzung nicht erfüllt hatten: die Karten! Manche Teilnehmer dachten, dass die Kartentechnik zu verspielt sei und viele Entscheider nicht „mitspielen" würden. Sie haben sich stattdessen an das Flipchart gestellt und gesagt: Rufen Sie mir bitte Ihre Fragen zu!"

Gehen Sie nicht so vor, sondern halten Sie sich an den Ablauf! Erstens dauert es sonst viel zu lange, die Fragen zu notieren, und zweitens bekommen Sie auf diese Weise nur die Wortmeldungen von den extrovertierten Teilnehmern.

Ziele leiten den Weg

Dann nehmen Sie ein neues Flipchart-Blatt, das die Überschrift „Ziele" trägt. Bitten Sie die Runde, Ziele für dieses Gespräch zu definieren. Ziele lassen sich immer so formulieren: „Es soll erreicht sein, dass ..." Notieren Sie die genannten Ziele.

> **Tipp aus der Praxis**
>
> Achtung: Häufig werden Ziele genannt, die sich nicht auf die Besprechung, sondern auf die gesuchte Lösung beziehen. Unterscheiden Sie daher auf Ihrem Blatt:
>
> - Ziele, die während der Besprechung erreicht sein sollen (Besprechungsziele) und
> - Ziele, die Ihr Kunde zur Lösung seiner Probleme verfolgt (Projektziele).

Achten Sie genau darauf, dass Sie die Ziele richtig einordnen! Es kann sehr negativ wirken, wenn Sie ein Besprechungsziel setzen, das am Ende der Besprechung nicht erreicht werden kann. Solche Ziele notieren Sie besser unter dem Stichwort „Projektziele".

> **Tipp aus der Praxis**
>
> Am Ende der Präsentation soll erreicht sein, dass
>
> - alle notierten Fragen beantwortet sind,
> - die Grundlagen für die Abgabe eines detaillierten Angebotes geschaffen sind,
> - wichtige Meilensteine für das weitere Vorgehen festgelegt wurden,
> - eine Vereinbarung über die weiteren Schritte getroffen wurde.

Wenn alle Fragen gestellt und die Ziele formuliert sind, nutzen Sie Ihre vorbereiteten Unterlagen oder die passenden Teile Ihrer Produktpräsentation, um die Antworten zu liefern. Markieren Sie sichtbar alle beantworteten Fragen und erreichten Ziele, etwa, indem Sie sie abhaken.

Tipp aus der Praxis

Machen Sie mit Ihrer Digitalkamera ein Foto der Fragen und der Ziele. Diese können Sie dann als Teil des Protokolls an Ihren Kunden senden.

Außerdem können Sie so auch nach und nach Ihr Know-how bezüglich der vom Kunden gestellten Fragen verbessern und gehen noch besser vorbereitet in Präsentationen.

Vermeiden Sie es in jedem Fall, diejenigen Teile Ihrer vorbereiteten Präsentation zu verwenden, die nicht wirklich direkte Antworten auf die Fragen der Top-Entscheider umfassen! Die Chefs stellen nur die für sie entscheidungsrelevanten Fragen, und die sind strategischer Natur. Sie haben keine Zeit für das „Klein-Klein" des *Wie* auf dem Weg zur umgesetzten Vision. Und sie wollen auch nur Antworten auf ihre Fragen!

Teilnehmer-Fragen: Wegweiser durch die Nicht-Präsentation
Während der Präsentation lassen Sie zu, dass die Teilnehmer jederzeit neue Fragen stellen dürfen. Weisen Sie ausdrücklich auf diese Möglichkeit hin. Zwischenfragen lassen Sie auf Moderationskarten notieren oder Sie helfen bei der Formulierung: „Habe ich richtig verstanden, die zusätzliche Frage lautet …?"

Achten Sie darauf, dass Sie nur Fragen annehmen, die auch zu beantworten sind. Wenn sehr allgemeine Fragen wie zum Beispiel: „Wie lösen wir unser Archivierungsproblem?" gestellt werden, dann helfen Sie dem Fragesteller, seine Frage zu präzisieren. Die Frage: „Was müssen wir tun, um die durchschnittlich 400 pro Tag anfallenden Ausgangsrechnungen zu archivieren?" ist besser geeignet, um sie in der Nicht-Präsentation zu beantworten.

Fragen, die zwar präzise formuliert sind, die Sie aber hier und heute nicht beantworten können, markieren Sie und erklären dem Entscheider: „Diese Fragen können wir hier und heute nicht abschließend beantworten. Sie erhalten bis [Datum] eine schriftliche Antwort auf diese Fragen." Am Ende der Nicht-Präsentation nehmen Sie alle Fragen mit „nach Hause". Sie erstellen ein Protokoll, das die Fragen und die Antworten darauf festhält. Dieses Protokoll erhält Ihr Kunde als untrüglichen Beweis Ihrer Lösungskompetenz.

So bereiten Sie Ihre Unterlagen für die Nicht-Präsentation vor

Auch in der Nicht-Präsentation benötigen Sie Unterlagen – sie werden aber nicht um ihrer selbst willen eingesetzt, sondern nur dann, wenn Sie sie benötigen, um die Fragen der Präsentationsteilnehmer zu beantworten.

Grundsätzlich ist es unerheblich, ob Sie mit Folien oder mit einem Projektor arbeiten. Es kommt nur darauf an, dass Sie eine flexible Abfolge der Folien gewährleisten können.

> **Tipp aus der Praxis**
>
> Nehmen Sie Ihre Unterlagen unter die Lupe. Finden sich darin noch Produktargumente? Jedes Produktargument lässt sich in ein Vorteilsargument übersetzen! Aus „Unser Unternehmen ist seit über 15 Jahren am Markt" wird „Sie profitieren von unserer 15-jährigen Branchenerfahrung, weil wir die typischen Anforderungen unserer Kunden kennen."

Vermeiden Sie es, in Ihren Nicht-Präsentationen einem vorgegebenen Ablauf zu folgen. Verzichten Sie darauf, einen „Durchgang" durch die Anwendungsmöglichkeiten Ihrer Lösung zu machen – das langweilt den Entscheider nur. Wenn Ihr Kunde nicht danach fragt, wie zum Beispiel während der Fakturierung die Auswahl der Artikel über Suchbegriffe funktioniert, dann sparen Sie sich diesen Teil der Vorführung. Es könnte ja durchaus sein, dass Ihr Kunde im Moment seine Artikelauswahl ausschließlich über die Artikelnummer sicherstellen kann. Ihre Argumente könnten ihn irritieren und ihn negativ einstimmen.

Vermeiden Sie es auf jeden Fall, mit Ihren Unterlagen Details Ihrer Lösung zu präsentieren, die im Moment nicht den Beweis für einen vom Kunden erwarteten Nutzen darstellen. Ihr Kunde hat vielleicht eine feststehende Vorstellung davon, wie einzelne Schritte bei der Anwendung Ihrer Problemlösung ablaufen. Wenn Ihre Lösung davon abweicht, auch wenn dies für die Nutzwertigkeit eher von Vorteil ist, besteht die Gefahr, dass Sie während der Vorführung beim Kunden einen negativen Eindruck hinterlassen. Er könnte denken: „Das ist nicht so, wie wir es wollten." Also Achtung: Sie dürfen einen aus Ihrer Sicht bestehenden Nutzen nicht zum Argument *gegen* Ihre Lösung machen, ohne dies zu bemerken. Vermeiden Sie daher jede Detailvorführung, wenn Sie damit nicht direkt eine Frage des Kunden beantworten.

Vorhang zu – und alle Fragen beantwortet
Was für ein Bild: Am Ende der Nicht-Präsentation sind alle Fragen Ihres Kunden beantwortet und alle Besprechungsziele erreicht! Der psychologische Effekt dieser Vorgehensweise ist enorm:

- Sie holen die Gesprächsteilnehmer aus ihrer passiven Haltung und erfahren ihre Fragen und Ziele. Wer nicht fragt, kann nachher nicht sagen, dass „noch Fragen offen sind".
- Die Besprechung bleibt spannend! Wenn nur behandelt wird, was gefragt wurde, halten Sie die Aufmerksamkeit Ihres Publikums hoch.
- Sie bleiben in Erinnerung. Sehr wahrscheinlich hat Ihr Gesprächspartner diese Art der Gesprächsführung so noch nicht erlebt. Sie positionieren sich als kompetenter Anbieter kundenzentrierter Lösungen.

Top-Entscheider sind nur an Ergebnissen und erfüllten Visionen interessiert und wollen nur ihre *eigentlichen* Fragen beantwortet wissen. Und das gelingt Ihnen mit der Nicht-Präsentation.

Die Nicht-Präsentation

- Bei der Vorbereitung der Nicht-Präsentation verwenden Sie Ihre Kreativität und Ihre Innovationskraft darauf zu überlegen, welche Fragen der Entscheider während der Nicht-Präsentation stellen könnte.
- Während der Nicht-Präsentation bitten Sie den Kunden, diese Fragenpalette zu korrigieren, zu ergänzen und zu erweitern. Sie können den Verlauf der Nicht-Präsentation also nicht zu 100 Prozent planen. Im Laufe der Zeit werden Sie jedoch genug Erfahrung sammeln, um den größten Teil vorhersehen zu können.
- Wichtig ist: Im Mittelpunkt der Nicht-Präsentation stehen die Fragen, die *Ihren Top-Entscheider* wirklich bewegen.
- Ziel der Nicht-Präsentation ist es, zunächst die Problematik zu erkunden, die dem Kunden unter den Nägeln brennt. Sie wollen herausfinden, wodurch die Kopfschmerzen entstehen, unter denen der Kunde leidet. Manchmal wird der Kunde die Ursachen der Kopfschmerzen selbst klar benennen können, manchmal wird er nur die Symptome schildern können – Symptome, die für Sie Wegweiser sind zum Problem des Kunden.

- Erst wenn Sie wirklich exakt verstanden haben, was das Problem des Gesprächspartners, die Ursachen hierfür und seine Vorstellungen von einer besseren Zukunft sind, gehen Sie an die Erarbeitung der Lösung, die genau diese bessere Zukunft herbeiführen wird.

- Trainieren Sie diese Vision-Selling-Technik zunächst in einem Rollenspiel – mit Ihren Kollegen oder auch unter professioneller Anleitung.

Belegen Sie den ROI Ihrer Lösung

Für die Überzeugungsarbeit beim Entscheider ist eine Darstellung des Return on Investment (ROI) unerlässlich. Sie müssen beweisen können, in welcher Weise die Investition in Ihre Lösung einen Nutzen erbringt, der die Investitionssumme übersteigt. Dabei sind zwei Formen von Nutzen wichtig:

- Mehr Ertrag: Wie kann Ihr Kunde durch den von Ihnen versprochenen Nutzen seinen Erfolg am Markt steigern? Welche Preissteigerungen sind nun denkbar? Wie lassen sich Umsätze früher als jetzt realisieren?

- Weniger Kosten: Wie sorgt Ihre Lösung dafür, dass Kosten eingespart werden können? Welche Kosten entfallen komplett?

Achten Sie darauf, dass Sie nur relevante Einsparungen nennen. So ist eine Zeiteinsparung für die Mitarbeiter des Kunden nur dann eine Kosteneinsparung, wenn dadurch wirklich Gehaltskosten eingespart werden. Das ist nur dann der Fall, wenn tatsächlich Stellenabbau vorgenommen wird oder wenn im Unternehmen Ihres Kunden eine detaillierte Kostenverrechnung verwendet wird, die diesen Kostenvorteil auch messbar werden lässt. Wenn die Zeitersparnis eher so zu verstehen ist, dass die Mitarbeiter Zeit für andere Aufgaben nutzen können, dann müssen Sie einen Weg finden, den zusätzlichen Ertrag darzustellen, der so möglich ist. In diesem Fall sollten Sie nicht mit Kosteneinsparungen argumentieren, weil Ihr Argument mit hoher Wahrscheinlichkeit vom Kunden nicht akzeptiert wird.

Eine Beispielrechnung

In dem Beispiel in der Tabelle (S. 145) ist der ROI für eine neue ERP-Lösung auf der Basis eines Hochleistungsservers dargestellt. Sie sehen, wie die Werte für die Kosteneinsparung und den Ertragszuwachs entstehen. Im oberen Teil sind die Ergebnisse der ROI-Kalkulation abzulesen. In dieser Beispielrechnung ist die Investition nach der vierten Periode (zum Beispiel könnte eine Periode ein Quartal umfassen) nahezu rentabel. In jeder weiteren Periode liefert die Investition einen zusätzlichen Ertrag von 486 250 Euro.

		Periode 1	Periode 2	Periode 3	Periode 4	Periode ...
Aufwand	Anschaffung	–	1.000.000 €	–	–	–
	Unterhalt	20.000 €	10.000 €	10.000 €	10.000 €	10.000 €
	Implementierung	–	–	–	–	–
	interner Aufwand	20.000 €	50.000 €	10.000 €	–	–
	interner Unterhalt	–	30.000 €	5.000 €	5.000 €	5.000 €
	Summe	**40.000 €**	**1.090.000 €**	**25.000 €**	**15.000 €**	**15.000 €**
Ertrag	Ertragssteigerung 1			37.500 €	56.250 €	56.250 €
	Ertragssteigerung 2			100.000 €	400.000 €	400.000 €
	Ertragssteigerung 3			300.000 €		
	Summe Ertragssteigerung			**437.500 €**	**456.250 €**	**456.250 €**
Kosten	Kosteneinsparung 1		15.000 €	15.000 €	15.000 €	15.000 €
	Kosteneinsparung 2			200.000 €		
	Kosteneinsparung 3				30.000 €	30.000 €
	Summe Kosteneinsparung		**15.000 €**	**215.000 €**	**45.000 €**	**45.000 €**
	Investition	40.000 €	1.075.000 €	627.500 €	486.250 €	486.250 €
	kummuliert	40.000 €	1.115.000 €	487.500 €	1.250 €	485.000 €

Ertragssteigerung 1	(z. B. kürzere Verarbeitungszeit schafft mehr Telefonkapazität im Vertrieb)				
Zeiteinsparung in h			20	30	30
Anzahl zus. Kundenkontakte	0	0	37,5	56,25	56,25
heutige Erfolgswahrsch.	20%	20%	20%	20%	20%
Durchschn. Einzelertrag pro Auftrag	5.000 €	5.000 €	5.000 €	5.000 €	5.000 €
Zusatzertrag			37.500 €	56.250 €	56.250 €

Ertragssteigerung 2	(z. B. bessere Zuverlässigkeit eröffnet Zugang zu neuem Kundensegment)				
Potential an Neukunden	400				
realistischer Marktanteil	10%				
Neue Kunden (kummuliert)	0	0	10	40	
Durchschn. Einzelertrag pro Kunde	10.000 €	10.000 €	10.000 €	10.000 €	10.000 €
Zusatzertrag			100.000 €	400.000 €	400.000 €

Kosteneinsparung 1	(z. B. geringere Wartungskosten)				
Heutige Wartungskosten	20.000 €	25.000 €	25.000 €	25.000 €	25.000 €
Künftige Wartungskosten	–	10.000 €	10.000 €	10.000 €	10.000 €
Zusatzertrag		15.000 €	15.000 €	15.000 €	15.000 €

Kosteneinsparung 2	(z. B. Kosten für Update des heutigen Betriebssystems entfallen)				
Geplantes Update			200.000 €		

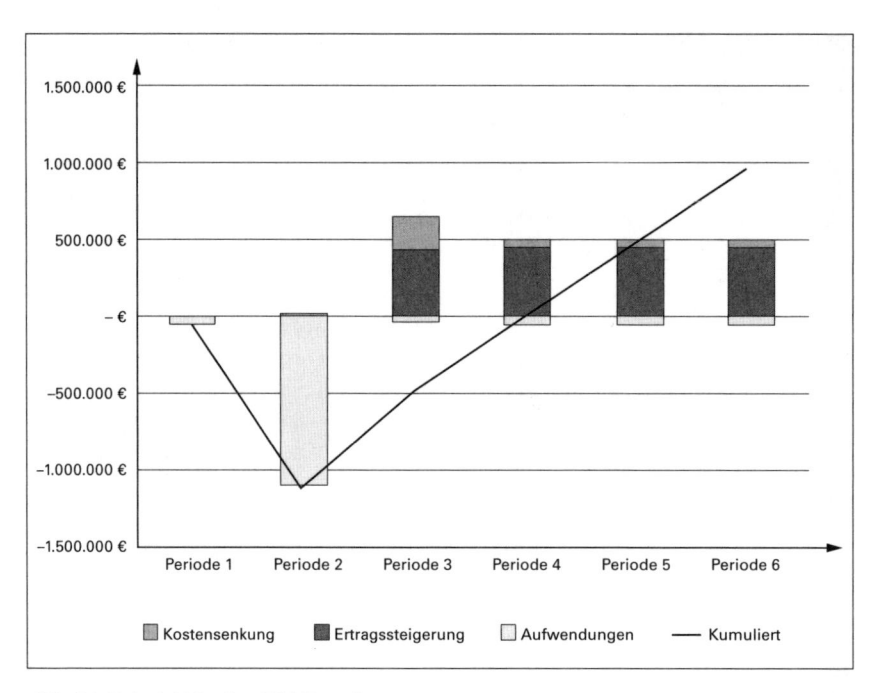

Abb. 26: Beispiel für eine ROI-Berechnung

Tipp aus der Praxis

Wenn Sie eine ROI-Kalkulation nach diesem Muster vorlegen können und die zugrundeliegenden Zahlen vom Top-Entscheider selbst genannt wurden, dann werden Sie bei der nachfolgenden Preisverhandlung kaum unter Druck geraten. Ihre Argumentation wird sehr unterstützt und ist glaubwürdig!

Wenn Sie für Ihren Entscheider eine ROI-Rechnung aufmachen, sollten Sie die folgenden Punkte beachten:

- Zeigen Sie Ihrem Kunden auf, in welchen Zeitabschnitten welche Investitionen zu erbringen sind. Nutzen Sie hierfür ein Kalkulationsmodell wie in dem Beispiel dargestellt.

- Im ersten Block tragen Sie die notwendigen *Aufwendungen* für Ihre Lösung ein. Dazu zählen neben einmaligen Anschaffungen eventuell auch Unterhaltsaufwendungen und die Kosten für die Implementierung oder das Anpassen der Lösung, wie sie später in Ihrem Angebot stehen werden.
- Führen Sie zusätzlich auch die internen Kosten Ihres Kunden auf, die mit dem Unterhalt und der Inbetriebnahme Ihrer Lösung verbunden sind.
- Im nächsten Block erläutern Sie die möglichen zusätzlichen *Erträge*, die durch Ihre Lösung geschaffen werden können. Erarbeiten Sie mit Ihrem Kunden die Berechnungsgrundlagen hierfür. Es ist entscheidend, dass die Werte, die Sie zur Berechnung verwenden, von ihm genannt werden. Nur dann können Sie Akzeptanz für die Ergebnisse der Berechnung erwarten. Sie liefern die Ideen und Berechnungsformeln und Ihr Kunde die Werte aus seiner Praxis.
- Ebenso gehen Sie im dritten Block vor. Hier stellen Sie die möglichen *Kosteneinsparungen* dar, die mit Ihrer Lösung möglich werden.

Diese Aufstellung zur ROI-Berechnung finden Sie für Ihre eigene Arbeit online zum Download unter www.visionselling.de.

Überwinden Sie das Entscheidungsflimmern

Wahrscheinlich kommt es auch bei Ihnen recht häufig vor, dass Ihr Gesprächspartner bereits eine klare Nutzenvorstellung bezüglich seiner idealen Lösung hat. Diese Nutzenvorstellung kann aus eigener Überlegung, durch Routine oder durch den Wettbewerb beeinflusst sein.

So ist es denkbar, dass Ihr Gesprächspartner nach bestimmten Features oder Details Ihrer Lösung fragt, die Sie nicht zufriedenstellend anbieten können. Aus Ihrer Sicht sind diese Details eher unbedeutend. Die Wahrscheinlichkeit, dass Ihr Wettbewerb den Kunden von der Wichtigkeit dieser Details überzeugt hat, ist groß. Ebenso ist es möglich, dass der Kunde stur an seiner bisherigen Vorgehensweise festhält – und die hat seiner Ansicht nach eben auch „irgendwie" ohne Ihre Lösung funktioniert. Was können Sie in einem solchen Fall tun? Wie können Sie Ihre Argumentationsstrategie so erweitern, dass der Entscheider sich für Ihre Lösung zumindest wieder interessiert?

Eine (Kauf)Entscheidung läuft in der Regel so ab, dass der Kunde zunächst einmal die Optionen prüft. Er wägt ab, welche am besten „passt". Dann beginnt er sich festzulegen. Das bedeutet gleichzeitig, auf bestimmte Alternativen zu verzichten; sich von Ihnen zu trennen. Das empfindet der Entscheidungsträger oder Kunde häufig als unangenehm. So entsteht ein Entscheidungsflimmern, der Kunde distanziert sich möglicherweise wieder von der eigentlich schon getroffenen Entscheidung für eine Option. Wie eine Kluft trennt ihn das Entscheidungsflimmern von der endgültigen Entscheidung. Dann endlich kommt er in die Phase des planenden Handelns. Jetzt hat alles wieder seine Ordnung. Hier fühlt er sich wohl.

Entscheidungsphasen		
Vorgang	Aus der Sicht des Kunden	Interessant ist
abwägen	auswählen	Vor-, Nachteile und Möglichkeiten
festlegen	verzichten	beste Lösung, Alleinstellung
Entscheidungsflimmern		
planendes Handeln	sich trösten	Erfolg, Praxis

Abb. 27: Entscheidungsflimmern

Die Stufe des Abwägens wieder erreichen
Wenn Sie also auf einen Gesprächspartner treffen, der sich bereits festgelegt hat, müssen Sie es erreichen, dass er wieder auf die Stufe des „Abwägens" zurückkehrt. Dazu müssen Sie ihn verunsichern – etwa, indem Sie ihn in Widersprüche verwickeln oder ihm diejenigen Widersprüche deutlich machen, in die er sich unbewusst verstrickt hat. Und so gehen Sie vor:

- Konzentrieren Sie sich zunächst darauf, die Vorstellung des Kunden exakt zu verstehen: Was genau ist der von ihm erwartete Nutzen? Und wie beschreibt er diesen seinen Nutzen?

- Welche Auswirkungen der Probleme aber sind noch immer ungelöst? Welche aus Sicht des Kunden unerwünschten Nebenwirkungen hat seine Nutzenvorstellung?

- Dann der wichtigste Punkt: Wie können Sie die Nutzenvorstellung Ihres Kunden so erweitern, dass *Ihre Lösung* relevant wird?

Tipp aus der Praxis

Finden Sie heraus, ob Ihr Gesprächspartner bereit ist, einen zusätzlichen Nutzen in Anspruch zu nehmen. Die Bereitschaft dazu können Sie erhöhen, indem Sie ihn verunsichern: „Wenn ich Sie richtig verstehe, ist der Aspekt <Ihr Nutzenversprechen> bisher nicht in Ihre Überlegungen eingeflossen …" Ihr Gesprächspartner beginnt an seiner Entscheidung zu zweifeln und ist nun vielleicht bereit, neu darüber nachzudenken, also die Optionen aufs Neue abzuwägen.

Fazit und Ausblick

- Sie haben nun zahlreiche innovative Tipps erhalten, um den Entscheidungsprozess Ihres Top-Entscheiders bis zur Auftragserteilung voranzutreiben. Sie laufen allesamt darauf hinaus, Ihren Gesprächspartner dort abzuholen, wo er steht, indem Sie ihm diejenigen Entscheidungshilfen anbieten, die er „hier und heute" benötigt, um sich von Ihrer Lösung überzeugen zu lassen.

- Allerdings werden Sie erst dann davon profitieren, wenn Sie diese Hilfen – und das gilt für das gesamte Konzept des Vision Selling – tatsächlich beim Kunden ein- und umsetzen. Darum hier der gar nicht so innovative, aber dennoch richtige und unerlässliche Tipp: Es ist noch kein Meister vom Himmel gefallen: Trainieren und üben Sie den Einsatz der Entscheidungshilfen des Vision Selling und die Verwirklichung des Konzeptes.

- Lernen Sie, die Fehler zu vermeiden, die beim Verkauf und auch bei Vision Selling häufig gemacht werden (können). Mit diesen Fehlern und ihrer Vermeidung beschäftigt sich das nächste Kapitel.

7 Fehler vermeiden: Vision Selling braucht Fehlerkultur

Was Ihnen dieses Kapitel bietet

Vertriebsprofis interpretieren Fehler als Resultate, die sie auf dem Weg zum Ziel erreichen. Sie wissen: Sie können aus ihnen lernen und Schlüsse ziehen, die es ihnen erlauben, „es beim nächsten Mal besser zu machen". Allerdings: Ein und derselbe Fehler sollte Ihnen nicht zweimal unterlaufen. Aus der Praxis der letzten Jahre ist mir aufgefallen, dass immer wieder eine bestimmte Sorte von Fehlern zu beobachten ist. In diesem Sinn sind die folgenden Handlungsanleitungen zu verstehen: Lernen Sie aus diesen Fehlern und vermeiden Sie sie dann.

Nehmen Sie sich Zeit zur Selbstreflexion

Den größten Nutzen aus diesem Kapitel ziehen Sie, wenn Sie sich konkrete Praxisbeispiele aus Ihrer Vertriebsarbeit vornehmen, in denen Ihre Vertriebsaktivitäten nicht so erfolgreich abgelaufen sind, wie Sie dies geplant hatten. Überlegen Sie sich, woran es gelegen hat, und prüfen Sie, ob einer oder gar mehrere der genannten Fehler Gründe für den Misserfolg gewesen sein könnten. Erstellen Sie sich einen Plan, was Sie mit Hilfe meiner Tipps und Hinweise anders und besser machen können, wenn Sie demnächst wieder vor einer entsprechenden Herausforderung stehen.

Fehler Nummer 1: Sie vernachlässigen die Vision(en)

Einer der Hauptgründe, warum Vertriebsprojekte scheitern und der Kunde schließlich mit anderen Geschäftspartnern zusammenarbeitet, ist die Vernachlässigung der Vision. Sie wissen ja, dass die Vision im Vision Selling gleich mehrere Aspekte umfasst. Es geht um die Vision des Top-Entscheiders, der auf der Suche nach einer Lösung für seinen Kittelbrennfaktor ist, und um Ihre Vision. So ergeben sich zwei mögliche Gründe für das Scheitern:

- ■ Es ist Ihnen nicht gelungen, beim Kunden eine begeisternde Vorstellung für die Lösung zu entwickeln. Der Kunde kann sich nicht vorstellen, wie viel besser es ihm gehen würde, wenn er sich zu dem Geschäft entschließt. Er ahnt nicht, dass Ihre Lösung ihm hilft, seine Vision Realität werden zu lassen.

- Es ist Ihnen nicht gelungen, die handlungsaktivierenden Komponenten Ihrer Vision frei zu legen.

In beiden Fällen ist es notwendig, dass Sie Ihre Einstellung zum Begriff „Vision" überdenken.

Die Bedeutung der Vision

Bereits im ersten Kapitel haben Sie sich mit der Bedeutung der Vision beschäftigt und gesehen, wie wichtig es ist, sie stets lebendig zu halten. Darum möchte ich hier nur noch einmal auf die existentielle Notwendigkeit der Vision hinweisen – freilich an einem etwas populistischen, doch darum umso einleuchtenderen Beispiel. Wenn Sie Raucher sind oder einmal waren, dann werden Sie es sehr gut nachvollziehen können:

- Es ist wohl unstrittig, dass Rauchen nicht gesundheitsförderlich ist. Überzeugte Raucher wissen das auch. Dennoch ist für sie die Situation in Ordnung. Sie sehen das Problem nicht.

- Weniger überzeugte Raucher („Eigentlich will ich aufhören, aber ...") sehen das Problem, und es ist ihnen nicht angenehm. Die Auswirkungen der Situation sind jedoch nicht schmerzhaft genug, um konkrete Pläne zur Verhaltensänderung zu fassen.

- Raucher auf dem Absprung („Ich habe mir vorgenommen, bald aufzuhören") sehen das Problem und dessen unangenehme Auswirkung – und wollen die Situation ändern oder beenden. Es fehlt ihnen jedoch noch eine klare Vision von dem Nutzen, den ein Leben als Nichtraucher für sie bringen kann. Sie haben noch keine Vision.

- Überzeugte Ex-Raucher haben sich bewusst gegen das Rauchen entschieden und genießen den daraus resultierenden Nutzen. Sie haben eine Vision als Leitstern entwickelt, der ihnen den Nutzen der rauchfreien Zeit in leuchtenden Farben aufgezeigt hat. Sie begründen ihren Entschluss mit der nun deutlich gestiegenen Lebensqualität. Die Mühsal der Entwöhnungsphase haben sie als gering wahrgenommen und längst vergessen.

Der 2006 verstorbene Guru der Rauchentwöhnung, Allan Carr, nutzt in seinem Buch „Endlich Nichtraucher" die Kraft der Vision. Er warnt sogar seine Leser davor, das Rauchen zu beenden, bevor sie am Ende des Buches angelangt seien. Er will so vermeiden, dass der Entschluss voreilig gefällt wird, wenn also die klare und deutliche Vision von einem Leben als Nichtraucher beim Leser noch fehlt. Diese Vision muss zuerst im Bewusstsein des Lesers verankert werden. Denn ohne eine klare Vision vom Leben ohne den blauen Dunst ist die Rate der Rückfälle sehr hoch. Das zeigt: Wenn es nicht gelingt, die Vision von dem messbaren und wichtigen Nutzen, den Ihre Lösung bietet, gemeinsam mit dem Entscheider zu entwickeln, besteht die Gefahr eines Rückziehers, auch in letzter Minute.

Hinweise für die praktische Umsetzung

- Stellen Sie vor allem in der Endphase des Verkaufs immer wieder die Vision in den Vordergrund. So wirken Sie dem Verblassen der Vision entgegen und halten das gefühlte Risiko Ihres Kunden niedrig.

- Verankern Sie die Vision bei Ihrem Kunden, indem Sie sich auf den Sprachgebrauch („Wording") des Kunden einstellen und seine Worte verwenden, also in seine Sprachwelt eintauchen. Lassen Sie den Kunden durch Nutzenfragen immer wieder selbst ausdrücken, welchen Nutzen er mit der Investition für sich erwartet.

- Wiederholen Sie die Worte des Kunden schriftlich. Wer nach einem Gespräch nochmals liest, was er selbst gesagt hat, sieht die Dinge noch klarer.

- Erweitern Sie die Vision des Kunden, indem Sie Schritt für Schritt noch weitere positive Auswirkungen Ihrer Lösung aufführen. Achten Sie darauf, dass Sie gezielt positive Auswirkungen auf die Arbeit von Kollegen und potenziellen Mit-Entscheidern Ihres Kunden hinzufügen.

- Untersuchen Sie, wie Sie die Hinweise in Ihre Vertriebsaktivitäten einbinden können.

Fehler Nummer 2: Sie unterbreiten das falsche Angebot zum falschen Zeitpunkt

Vorzeitige Ergüsse haben meist sehr unbefriedigende Folgen für alle Beteiligten. Auch im Vertrieb ist das nicht anders. Denn oft ist die Versuchung groß: Der Kunde sagt schon im ersten Gespräch: „Schicken Sie mir ein Angebot zu" und erweckt den Eindruck, als würde er sich schnell für Sie entscheiden. Und Sie greifen zur Tastatur und komponieren ein eindrucksvolles Angebot aus den besten Textbausteinen. Untermalt mit bunten Prospekten und vielsagenden Datenblättern und eingehüllt in eine Hochglanz-Angebotsmappe. Dann garnieren Sie das Ganze noch mit Ihrer Visitenkarte. Schließlich landet das Prachtstück beim Kunden, und später wundern Sie sich, dass der Kunde nicht ebenso begeistert ist wie Sie selbst. Was aber lief falsch?

Tipp aus der Praxis

Machen Sie nur annehmbare Angebote. Das klingt einfach und ist es auch. Es gibt keinen Grund, ein Angebot zu erstellen, bei dem schon im Vorfeld klar ist, dass es nicht angenommen wird. Also achten Sie darauf, dass Sie nur dann ein Angebot machen, wenn Sie das Angebot so detailliert wie eine Auftragsbestätigung stellen können. Ein gutes Angebot ist die überzeugende Antwort auf tatsächlich vom Kunden gestellte Fragen. Nicht mehr, aber auch nicht weniger.

Holen Sie das mündliche Okay ein

Bevor Sie sich hinreißen lassen, ein schriftliches Angebot zu erstellen, sollten Sie sich mindestens ein mündliches Okay des Entscheiders einholen. Das bekommen Sie freilich nur,

- wenn Sie genau verstanden haben, welches Problem der Kunde aus seiner Sicht lösen will,
- welche Auswirkungen dieses Problem für den Kunden heute hat und
- was er sich von der Lösung an messbaren Verbesserungen verspricht.

Wenn Sie dies geleistet haben, können Sie sich Ihr mündliches Okay holen:

- „Herr Dr. Wackhaussen, wenn Sie morgen in Ihrer Post unser Lösungsangebot finden, wann können wir mit einem schriftlichen Auftrag rechnen?"

Wenn die Reaktion jetzt eher verhalten ist, dann nutzen Sie die Chance, um mehr über die Widerstände zu erfahren:

- „Herr Dr. Wackhaussen, Ihre Reaktion lässt mich vermuten, dass Sie noch Zweifel an unserer Lösung haben. Bitte lassen Sie mich wissen, was Sie zögern lässt." Oder Sie formulieren es so:
- „Bitte sagen Sie mir, nach welchen Kriterien Sie unser Angebot bewerten werden."

Schützen Sie sich vor der Salami-Taktik

Wenn Ihr Kunde einen Hinderungsgrund nennt, gehen Sie noch nicht sofort darauf ein! Stellen Sie zuerst sicher, dass alle Gründe genannt wurden:

- „Sie haben jetzt einige Punkte zu der vorgeschlagenen Lösung genannt, die Sie kritisch sehen. Gibt es noch weitere?"

Erst wenn Ihr Kunde alle seine Einwände vorgebracht hat, gehen Sie auf die einzelnen Punkte ein. So verhindern Sie, dass Ihr Verhandlungspartner nachlegt, also immer weitere Punkte aus dem Einwandköcher zieht, und Sie in vielen Einzelpunkten Zugeständnisse machen müssen.

Erst wenn alle Punkte auf dem Tisch liegen, beginnen Sie mit Ihren Aussagen zu den Einwänden. Fassen Sie die Punkte kurz zusammen. Dann überlegen Sie sich, bei welchen Punkten Sie Ihr Angebot ändern möchten, und auf welchen Inhalten Sie bestehen wollen – dazu ein Beispiel.

Ein Beispiel aus dem IT-Bereich

Ihr Kunde ist ein Möbelhaus mit acht Filialen. Sie sprechen mit dem kaufmännischen Leiter, nennen wir ihn Herrn Gelder. Herr Gelder hat das Problem, dass die verteilten PCs in den einzelnen Filialen nur vor Ort gewartet werden können, jedoch nur ein IT-Fachmann für alle Filialen zur Verfügung steht. Die zurzeit häufiger auftretenden Ausfälle führen dazu, dass die Verkäufer keine Liefertermine nennen können und viele Fragen der Kunden zu Preisen einzelner Optionen unbeantwortet bleiben müssen. Unzufriedenheit der Kunden, Demotivation der Verkäufer und nicht zuletzt Umsatzeinbußen sind die Folgen.

Herr Gelder verspricht sich von der Zusammenarbeit mit Ihnen große Einsparungen bei der Wartung der verteilten PCs. Denn Arbeiten wie Software-Updates und Upgrades sowie die Lösung kleinerer Probleme können jetzt zentral erledigt werden. Und auch Reisekosten fallen so nicht mehr an. Außerdem soll eine Kombination aus automatischem Frühwarnsystem und Wartungsdienst komplette Ausfälle einzelner PCs verhindern.

Ihr Angebot umfasst die Lieferung und Installation von rund 40 PCs, zwei Servern und Netzwerkkomponenten, Training und Einweisung des IT-Fachmanns beim Kunden sowie einen Wartungsvertrag über drei Jahre.

Herr Gelder hat folgende Kritikpunkte zu Ihrem Angebot:

- Es ist noch nicht klar, ob wirklich drei Tage Training für den IT-Fachmann nötig sind.
- Herr Gelder möchte für Wartungen, die im ersten Jahr anfallen, nichts bezahlen, weil dies aus seiner Sicht mit der Herstellergarantie abgedeckt ist.
- Einen Rabatt von fünf Prozent sieht er als Selbstverständlichkeit an, weil er „diesen Nachlass immer bekommt".

Sie überlegen, auf welche Punkte Sie nicht eingehen können oder wollen, und machen einen Vorschlag:

- „Wir sind damit einverstanden, das Training auf einen Tag zu verkürzen. In Verbindung mit einem Selbststudium Ihres IT-Experten ist dennoch eine ausreichende Ausbildung sichergestellt.
- Die Gebühren für die Wartung beziehen sich nicht auf die Kosten für Ersatzteile, sondern auf den Einsatz unseres Personals in Ihrem Hause. Der Vertrag ließe sich nach Ihren Wünschen anpassen, allerdings empfehlen wir nicht, in den ersten Monaten auf den Wartungsdienst zu verzichten, weil die häufigsten Defekte in den Regel in den ersten drei Monaten nach Inbetriebnahme auftreten.
- Wir möchten Ihrem Wunsch nach einem Preisnachlass entsprechen, wenn Sie den Rechnungsbetrag bis spätestens einen Tag vor Lieferung der Systeme auf unser Konto überweisen."

Nun ist die Wahrscheinlichkeit groß, dass Herr Gelder die Verkürzung des Trainings akzeptiert. Er bleibt bei der ursprünglich vorgeschlagenen Wartungsregelung und bittet Sie, den Vorschlag bezüglich des Rabattes von fünf Prozent bei Vorkasse in das Angebot aufzunehmen.

Hinweise für die praktische Umsetzung

- Warten Sie mit dem Versenden eines Angebotes so lange, bis Sie sicher sind, dass Sie in der Lage sind, ein „annehmbares Angebot" im wahrsten Sinne des Wortes zu erstellen.
- Verwenden Sie im Angebot ausschließlich Nutzenargumente nach dem Muster: „Sie möchten … wir liefern …"
- Lassen Sie sich nicht auf die Salami-Taktik ein: Verhandeln Sie Inhalte des Angebotes nur im Ganzen, nicht Einwand für Einwand.
- Übertragen Sie die Hinweise auf Ihre Vertriebspraxis und prüfen Sie, inwiefern sie Ihnen nutzen, Ihre Vertriebsaktivitäten zu verbessern.

Fehler Nummer 3:
Sie ertränken den Entscheider in Argumenten

„Spray and pray": Dieser Ausdruck bezieht sich auf die Angewohnheit vieler Verkäufer, mit Masse statt mit Klasse zu argumentieren. Sie präsentieren möglichst viele Argumente für den Kauf ihres Produktes, ihrer Dienstleistung oder Lösung in der Hoffnung, dass einige davon den Käufer wohl überzeugen werden. Die Folge: Auf Seiten des Top-Entscheiders entsteht ein heftiger Widerstand, er fühlt sich bedrängt und denkt: „Das ist ja alles schön und gut, brauche ich aber alles nicht. Ich will ja nur …"

Tipp aus der Praxis

Sehr erfolgreiche und weniger erfolgreiche Verkäufer unterscheiden sich dadurch, dass die sehr erfolgreichen Vision-Selling-Verkäufer nur Argumente nennen, die der Entscheider hören will.

Gehen Sie nur auf Ihre wesentlichen Nutzenargumente ein

Selbstverständlich müssen Sie diese Argumente sorgfältig auswählen. Das kann nur gelingen, wenn – ja natürlich! – klar ist, was der Kunde erwartet. Und Sie wissen: Die wirkungsvollsten Argumente sind Nutzenargumente. Diese beginnen mit einer Einleitung mit der Struktur: „Sie sagten, Sie benötigen/wollen/müssen …" und enden mit der Nennung eines Nutzens, der genau diesen Bedarf abdeckt:

- „Ihre Forderung nach Investitionsschutz erfüllen wir mit unseren Systemen, die modular aufgebaut sind. Darum können auch künftige Weiterentwicklungen in bestehende Systeme integriert werden, ohne dass diese komplett ausgetauscht werden müssen."

- „Sie sagten, dass die Kosten für Sie die wichtigste Rolle spielen. Dann wird es Sie bestimmt interessieren, dass unsere Systeme nach der Meinung internationaler Analysten zu den Systemen mit den niedrigsten TCO-Werten gehören." (Falls nötig ergänzen Sie: „TCO ist die Summe der Kosten für Anschaffung, Betrieb, Wartung und Entsorgung der Geräte über den kompletten Lebenszyklus.")

Hinweise für die praktische Umsetzung

- Notieren Sie sich die Erwartungen des Kunden während Ihres Gespräches. Falls keine oder zu wenige Erwartungen formuliert werden, fragen Sie nach: „Was möchten Sie auf jeden Fall erreichen?", „Was erwarten Sie von uns?"

- Ordnen Sie den Erwartungen Ihres Kunden die passenden Nutzenargumente zu. So entstehen Nutzenargumente, die genau die Erwartungen Ihres Kunden treffen.

- Nennen Sie nur die wichtigsten und überzeugendsten Nutzenargumente.

- Überlegen Sie: Inwiefern können Sie die Hinweise nutzen, um Ihre Vertriebsaktivitäten zu verbessern?

Fehler Nummer 4:
Sie schätzen die Situation nicht realistisch ein

Weder die rosarote Brille, die Sie die Dinge zu optimistisch einschätzen lässt, noch das Schwelgen in Pessimismus hilft Ihnen dabei, dem Top-Entscheider Ihre Lösung zu verkaufen. Gefordert ist realistisches Denken. Doch gerade Top-Verkäufer sind häufig voller Zuversicht und positiver Emotionen, die ihnen zuweilen den realistischen Blick auf ein Vertriebsprojekt verstellen.

Der Bamberger Psychologe Dietrich Dörner spricht in seinem Buch „Die Logik des Misslingens" davon, dass manche Menschen allzu schnell Vermutungen für Wahrheit nehmen. Sie hinterfragen die Dinge nicht und nehmen keine Überprüfung des Ist-Zustandes vor. Dörner nennt dies „ballistisches Verhalten": „Ballistisch verhält sich zum Beispiel eine Kanonenkugel. Wenn man sie einmal abgeschossen hat, kann man sie nicht mehr beeinflussen, sondern sie fliegt ihre Bahn allein nach den Gesetzen der Physik. Anders eine Rakete: Ein solches Flugobjekt verhält sich nicht ballistisch, sondern der jeweilige Steuermann, also der Pilot oder der Fernlenkoperateur, kann die Flugbahn der Rakete verändern, wenn er sieht oder den Eindruck hat, dass die Rakete nicht die Flugbahn hat, die er wünscht. Allgemein lässt sich wohl die Maxime aufstellen, dass Verhalten nicht ballistisch sein sollte. In einer nur teilweise bekannten Realität sollte man nachsteuern können."

Erweisen Sie sich als Realist

Aufgrund ihrer emotionalen Anteilnahme sind Verkäufer zuweilen nicht in der Lage, die ungeschminkte Realität zu sehen. Durch die eigene positive Prägung werden sie buchstäblich daran gehindert, die neu aufgetretenen negativen Einflussgrößen wahrzunehmen und geeignete Maßnahmen zu ergreifen, um konsequent gegenzusteuern. Und so übersehen sie häufig, dass:

- wichtige Informationen fehlen,
- Ungewissheit über die Bedeutung von Informationen vorliegt,
- wichtige Informationen und Entwicklungen nicht richtig beurteilt werden,
- der Kontakt zu einem – Sie erinnern sich an unsere Terminologie aus dem zweiten Kapitel – Empfehler nicht ausreichend aufgebaut ist,

- ein Beeinflusser oder eine andere wichtige Person die Bühne betritt, also „neu" ist und in den Vision-Selling-Prozess einbezogen werden müsste und eine Reorganisation im Käuferunternehmen ansteht, die den Entscheidungsprozess des Top-Entscheiders beeinflusst.

Ist-Zustand kontinuierlich prüfen

Dies sind nur einige Beispiele. Gemeinsamer Nenner ist stets, dass der Verkäufer die Situation nicht angemessen beurteilt. Dagegen wappnen Sie sich, indem Sie:

- regelmäßig und selbstkritisch prüfen und analysieren, wie sich die Ist-Situation darstellt. Vor allem bei länger andauernden Verkaufsverhandlungen sollten Sie spätestens alle 14 Tage eine detaillierte und eben realistische Analyse der Situation durchführen.
- sich bewusst machen, welche Ereignisse auftreten könnten, die einen Abschluss verhindern. Überlegen Sie sich frühzeitig Gegenmaßnahmen. So sind Sie fähig, schnell auf eine kritische Situation zu reagieren, statt zu hoffen und abzuwarten.
- „positiv pessimistisch" denken. So schärfen Sie Ihre Wahrnehmung für mögliche Hindernisse im Kontakt mit Ihrem Entscheider.

Hinweise für die praktische Umsetzung

- Prüfen Sie über eine Übung einer Selbsteinschätzung und einer Fremdeinschätzung (Vorgesetzte, Kollegen, Mitarbeiter, Bekannte) an einem Fallbeispiel, ob Sie dazu neigen, allzu euphorisch und optimistisch zu reagieren.
- Stellen Sie fest: Können Sie den Hinweis nutzen, um Ihre Vertriebsaktivitäten zu verbessern?

Fehler Nummer 5:
Sie lassen den Vision-Selling-Prozess stagnieren

Viel Zeit im Vertrieb wird vergeudet, weil die Verkäufer nicht immer wieder neue Handlungsimpulse setzen und den Entscheidungsprozess beim Kunden vorantreiben. Im sechsten Kapitel haben Sie Informationen zu den wichtigsten Entscheidungshilfen erhalten. Deren Einsatz jedoch setzt die Einstellung voraus, automatisch zu jeder Phase des Vision-Selling-Verkaufsprozesses zu überlegen, wie bei Ihrem Gesprächspartner das Feuer der Begeisterung für Ihre Lösung nicht nur entfacht, sondern auch am Brennen gehalten werden kann.

Auch wenn Sie selten schon beim ersten Termin einen Auftrag erzielen können, müssen Sie zumindest einen Fortschritt erreichen – und das gilt für jede Verkaufsphase. Sie dürfen keinen Stillstand zulassen. Wenn Ihr Kunde am Ende des Gespräches sagt: „Vielen Dank für die eindrucksvolle Vorstellung. Wir werden Ihre Argumente in unsere Überlegungen einbeziehen", dann ist das kein Fortschritt. Also: Haken Sie nach. Vereinbaren Sie einen konkreten Schritt in Richtung Vertragsabschluss. Diese Schritte könnten beispielsweise sein:

- **Halten Sie Kontakt zum Entscheider**
  Vereinbaren Sie einen Termin mit der Führungskraft oder dem Gremium, das die Investition nicht nur vorschlägt oder bewilligt, sondern endgültig eine Kaufentscheidung trifft. Dort können Sie mit Ihren Argumenten zum Return on Investment überzeugen.

- **Bieten Sie einen Workshop zur Entscheidungsvorbereitung an**
  Oft sind noch technische Fragen zu klären, die die Eignung Ihrer Lösung im bestehenden technischen oder organisatorischen Umfeld des Kunden betreffen. Es muss noch geklärt werden, ob alles zueinander passt. Dann vereinbaren Sie einen kostenpflichtigen Workshop, zu dem Sie Spezialisten aus Ihrem Hause und des Kunden an einen Tisch bringen. Das Ziel des Workshops besteht darin, eine Entscheidungsvorlage für die Geschäftsleitung Ihres Kunden zu erstellen und alle Fragen zur Eignung Ihrer Lösung zu beantworten.

Tipp aus der Praxis

Wenn Ihr Kunde nur zu einem kostenlosen Workshop bereit ist, dann ist das meist ein Zeichen dafür, dass er nicht investieren will und nicht ernsthaft an Ihrer Lösung interessiert ist. Dann erzielen Sie häufig keinen Fortschritt. Am Ende steht oft nur die kostenlose Ausbildung Ihres Kunden, aber kein Umsatz.

- **Führen Sie ein Pilotprojekt durch**
Sorgen Sie dafür, dass Ihr Entscheider das Risiko, das er mit dem Kauf Ihrer Lösung eingeht, verringern kann. Wenn Sie sicher sind, dass Ihre Lösung den versprochenen Nutzen für Ihren Kunden bietet, dann vereinbaren Sie die Durchführung eines Pilotprojektes. Dazu wählen Sie mit Ihrem Top-Entscheider einen Teilbereich oder eine kleine Abteilung in seinem Unternehmen oder seiner Abteilung aus, in der Sie mit der Implementierung der Lösung starten. Sie vereinbaren klare Ziele und Messgrößen, durch die sich der Erfolg oder Misserfolg des Pilotprojekts zu einem vorher definierten Zeitpunkt eindeutig bestimmen lässt. Für den Pilotbetrieb verlangen Sie einen fairen Preis. Für den Fall des Misserfolgs ist so der Verlust durch eine Fehlinvestition für den Kunden überschaubar. Vereinbaren Sie aber auch, dass im Falle eines positiven Ergebnisses damit gleichzeitig die Entscheidung für das gesamte Geschäft gefallen ist.

Bei allen Vertriebsprojekten gilt: Selektieren Sie Ihre potenziellen Kunden früh und kritisch. Verschwenden Sie keine Zeit mit Kunden, für die Sie nicht einen deutlichen Nutzen sehen, der die geplante Investition für den Kunden auch tatsächlich sinnvoll erscheinen lässt. Mit einer „Nice to have"-Lösung werden Sie spätestens bei der Preisverhandlung scheitern. Kunden, bei denen Sie trotz intensiver Anstrengungen keinen kontinuierlichen Fortschritt erzielen können, sind vermutlich die Mühe nicht wert.

Hinweise für die praktische Umsetzung

- Setzen Sie sich für jedes Gespräch erreichbare und klar definierte Fortschrittsziele. Diese Ziele können harte Faktoren betreffen wie etwa „Vertragsunterschrift" oder „Termin mit dem Geschäftsführer vereinbaren". In der Anfangsphase können dies auch folgende Ziele sein: „Der Ansprechpartner soll aussagen, dass er hinter der Lösung steht" oder „Der Controller soll die ROI-Kalkulation absegnen".

- Vergessen Sie das Märchen „Der Kunde ist König". Der Kunde ist und bleibt Kunde. Dafür kann er Zuverlässigkeit, besten Service und Qualität erwarten. Aber sicher nicht Unterwürfigkeit. Etablieren Sie eine Beziehung auf Augenhöhe, die es Ihnen erlaubt, aktiv Fortschritte im Entscheidungsprozess einzuklagen.

- Verdeutlichen Sie, dass Sie *und* der Entscheider von dem Geschäft profitieren. Beide gewinnen. So machen Sie klar, dass Sie nicht um Umsatz bitten, sondern eine Vereinbarung erzielen wollen, die für beide Seiten Nutzen bringt.

- Übertragen Sie auch diese Hinweise auf Ihre Vertriebspraxis und prüfen Sie, inwiefern sie Ihnen nutzen, Ihre Vertriebsaktivitäten zu verbessern.

Fehler Nummer 6:
Sie sind nicht gut genug vorbereitet

Vision Selling beginnt damit, sich in die Welt der Machthaber im Unternehmen einzuleben und die potenziellen Entscheider zunächst einmal herauszufinden. Ein häufiger Grund für Misserfolg ganz zu Beginn einer Verkaufsaktivität ist die mangelnde Kenntnis der Situation des Ansprechpartners. Das erste Gespräch mit dem Entscheider verläuft im Sande, weil der Verkäufer es nicht schafft, sich als eingeweihter Kenner der Situation zu positionieren. Oder dem Verkäufer unterläuft ein peinlicher und unverzeihlicher Fauxpas wie in dem folgenden Beispiel:

Ein Geschäftsführer eines größeren Mittelstandsunternehmens wurde von einem Betreuer einer Großbank kontaktiert, um neue Dienstleistungsprodukte anzubieten. Im Laufe des Gesprächs fragte der Verkäufer seinen Gesprächspartner: „Wie buchstabiert sich Ihr Name?"

Dieser vermeintlich kleine Patzer führte dazu, dass der Geschäftsführer für sich entschied: „Mit denen mache ich keine Geschäfte. Für die bin ich ja nur irgendein anonymer Kunde. Die nehmen sich keine Zeit für mich." Den Namen des Entscheiders und die Schreibweise herauszufinden ist sicher kein Hexenwerk. Das Beispiel zeigt, dass Verkäufer sich durch die ungenaue Kenntnis der Situation selbst disqualifizieren können – lange bevor über die Lösung und deren Nutzen überhaupt gesprochen wird.

Hinweise für die praktische Umsetzung

- Holen Sie alle verfügbaren Informationen über den Entscheider ein – etwa aus Quellen wie dem Internet oder Zeitungen. Oder kennen Sie einen anderen Verkäufer, der Ihren Zielkunden kennt? Kontaktieren Sie Ihr Netzwerk.

- Im Gespräch sollten Sie nur Fragen zur Situation stellen, wenn die entsprechenden Informationen nicht öffentlich verfügbar und wichtig für den nächsten Schritt im Verkaufsprozess sind. So vermeiden Sie das Fettnäpfchen, dass Sie Ihren Top-Entscheider Dinge fragen, die Sie bei gründlicher Vorbereitung eigentlich wissen müssten.

- Zeigen Sie Ihrem Kunden, dass Sie sein Geschäftsgebiet aus dem Effeff kennen. Sie müssen keine abgeschlossene Metzgerlehre vorweisen können, um an den Fleischereigroßhandel zu verkaufen, aber Sie sollten die Gesetzmäßigkeiten, Gebräuche und die Konjunktursituation dieser Branche verstehen und darüber sprechen.

- Analysieren Sie, inwiefern Sie diese Hinweise nutzen können, um Ihre Vertriebsaktivitäten zu verbessern.

Fehler Nummer 7:
Sie lassen die Schmerzen zu gering

Wer hat das noch nicht erlebt: Sie arbeiten lange und intensiv am Verkauf einer Lösung. Alles sieht gut aus. Sie haben genau verstanden, was das Problem ist. Sie kennen die Lösung dafür. Der Kunde ist auch begeistert.

Doch plötzlich die Wendung. Ihr Gesprächspartner sagt: „Ihre Lösung ist wirklich toll. Das bräuchten wir wirklich. Aber ich denke, sie ist einfach zu kostspielig und bedeutet zu viel Aufwand in der Umsetzung. Im Moment können wir sie uns einfach nicht leisten."

Mit hoher Wahrscheinlichkeit haben Sie Ihrem Gegenüber die Auswirkungen nicht deutlich genug vor Augen gestellt, die entstehen, wenn er Ihre Lösung nicht kauft. Und darum ist er noch nicht der Meinung: „Wir können es uns nicht leisten, auf die Lösung zu verzichten."

Den Top-Entscheider die Auswirkungen erläutern lassen

Am effektivsten ist es, wenn Sie Ihre Argumente nicht selbst formulieren, sondern durch geeignete Fragen Ihrem Gesprächspartner entlocken. Dazu eignen sich die Auswirkungsfragen – wie das geht haben, haben Sie auf S. 107 ff. erfahren. Der springende Punkt ist, dass Sie mit der Darstellung der Lösung und den damit verbundenen Kosten so lange warten müssen, bis alle Auswirkungen des Problems erläutert sind. Wenn Sie diese Auswirkungen nicht einfach als Behauptung in den Raum stellen, sondern durch Fragen Ihr Gegenüber dazu motivieren, selbst eine Einschätzung abzugeben, machen Sie es sich leichter. Sie nutzen eine einfache Wahrheit für sich: „Keine Idee ist so faszinierend wie die, die ich selbst hatte."

Also stellen Sie Auswirkungsfragen und geben Sie dem Top-Entscheider Gelegenheit, über die schädlichen Auswirkungen seines Problems nachzudenken. Bitten Sie ihn, selbst zu schätzen, was es ihn „kostet", wenn er diese Auswirkungen in Kauf nimmt. So kann er für sich selbst Klarheit gewinnen, seine Gedanken sortieren und den Wert Ihrer Lösung besser einschätzen. Ein weiterer Vorteil liegt auf der Hand: Wenn Ihr Kunde eine Zahl nennt, die den von ihm geschätzten Schaden des Problems benennt, dann wird er später wohl kaum widersprechen, wenn Sie diese Zahl nutzen, um ihm zu verdeutlichen: „Diese Summe – oder mehr – sparen Sie ein, wenn Sie sich für unsere Lösung entscheiden!"

Hinweise für die praktische Umsetzung

- Verwenden Sie bei der Gesprächsvorbereitung besondere Sorgfalt darauf, Auswirkungsfragen zu formulieren.
- Prüfen Sie: Können Sie den Hinweis nutzen, um Ihre Vertriebsaktivitäten zu verbessern?

Fehler Nummer 8: Sie vergeuden Ihre Zeit mit Ausschreibungen

In der Vertriebspraxis kommt es häufig vor, dass vom Kunden umfangreiche Fragebögen im Rahmen einer Ausschreibung versendet werden. Der Kunde verlangt die Beantwortung der Fragen und will dann auf der Basis der zurückgesendeten Formulare eine Vorauswahl treffen.

Doch zumeist hat dieser potenzielle Kunde diesen Fragebogen so gestaltet, dass ein bestimmter von ihm bevorzugter Lieferant zum Zuge kommt. Das heißt: Sie haben kaum eine Chance.

Verschwenden Sie zunächst keine Zeit mit dem Ausfüllen des Bogens. Gehen Sie auf den Absender der Ausschreibung zu: „Wir haben Ihren umfangreichen Fragebogen erhalten. Bitte verstehen Sie, dass wir vor dem Ausfüllen des Bogens noch drei Gespräche mit den künftigen Nutznießern der ausgeschriebenen Lösung führen wollen. Sobald wir uns in diesen Gesprächen einen Eindruck über die zu lösenden Herausforderungen gemacht haben, werden wir den Bogen beantworten." Wenn Sie keine Gelegenheit bekommen, direkt oder mit Hilfe des Einkäufers auf die Entscheider zuzugehen, dann können Sie die Ausschreibung getrost vergessen.

Tipp aus der Praxis

Wenn Ihr Ansprechpartner, vermutlich ein Mitarbeiter aus dem Einkauf, Ihrem Vorschlag zustimmt, dann nutzen Sie die Gespräche, um mit der VI-SI-ON-Fragetechnik zu verstehen, was das Problem, dessen Ursachen und Auswirkungen sowie der erwartete Nutzen sind.

Fehler Nummer 9:
Sie haben den ROI nicht nachgewiesen

Besonders in Zeiten mäßiger Konjunktur kann es sich kein Unternehmen erlauben, „just for fun" zu investieren. Jede Geldausgabe muss eine absehbare Rendite vorweisen. Wenn diese Rendite für Ihren Kunden nicht klar ersichtlich ist, dann bedeutet die Investition für ihn nur eines: Kosten! Und Kosten wollen alle Unternehmen und ihre Chefs niedrig halten. Wer als Anbieter keinen Return on Investment aufzeigen kann, wird sich in heftigen Preisverhandlungen wiederfinden. Den Zuschlag erhält dann meistens ohne weitere Differenzierung der vordergründig günstigste Anbieter.

Es ist nicht immer einfach, einen messbaren Return on Investment aufzuzeigen. Oft scheint der Wert nicht in Zahlen nachweisbar. In der Abgrenzung zu konkurrierenden Angeboten müssen Sie Ihren Mehrwert in harten Fakten darstellen, sonst laufen Sie Gefahr, gegen einen günstigeren Anbieter auszuscheiden, auch wenn Ihre Lösung „besser" ist.

Fehler Nummer 10:
Sie sprechen mit Pseudo-Entscheidern

Häufig lassen sich Verkäufer bezüglich der tatsächlichen Entscheidungskompetenz ihres Gesprächspartners täuschen. Sie müssen sich dann damit begnügen, dass ihr Angebot durch ihren Gesprächspartner einer ihnen unbekannten höheren Instanz vorgelegt wird. Dort wird dann „entschieden". Darum gilt immer: Klären Sie eindeutig, wer der Entscheider ist, indem Sie fragen: „Wer wird die Investition per Unterschrift beschließen?"

Brandflecken auf der Krawatte und Auftrag in der Tasche

An dieser Stelle möchte ich Ihnen gerne eine halb lehrreiche, halb amüsante Geschichte erzählen, die sich wirklich zugetragen hat. Sie zeigt, wie unbegründet die Angst vieler Verkäufer ist, sich schon sehr früh im Verkaufsprozess „an die da ganz oben" zu wenden. Verschwenden Sie die Zeit nicht mit Pseudo-Entscheidern und bleiben Sie auf Augenhöhe – ich habe es bereits betont.

Vor nicht all zu langer Zeit führte ich ein Intensivseminar zum Thema „Kaltakquisition" durch, in dem wir auch sehr intensiv über den passenden Auftritt bei Top-Entscheidern sprachen. Vor allem einer der Seminarteilnehmer war am Ende des Seminars voller Zuversicht und motiviert, das Gelernte in die Praxis umzusetzen. Er war als Account Manager für einen deutschen Automobilkonzern verantwortlich. Seit einiger Zeit hatte er die Idee, dort ein bestimmtes Berichtskonzept einzuführen. Aber jedes Mal, wenn er diese Idee präsentierte, sagten die Zuhörer: „Das betrifft mehrere Kontinente. Und alle Vorstandsbereiche. Das kann nur der Vorstandsvorsitzende entscheiden". Und an dieser Stelle hatte der Account Manager bisher immer gekniffen: „Was, ich soll an den Vorstand ran? Das ist doch Unsinn, das ist doch unmöglich, der spricht doch nicht mir kleinem Licht!" Aber nun, nach dem Seminar motiviert und strotzend vor Zuversicht, machte er sich daran, einen Brief an den Vorstand des nicht gerade unbedeutenden Konzerns zu schreiben.

Sie können sich vorstellen, dass die Aufregung groß war, als es darum ging, nun den Anruf durchzuführen. Sie erinnern sich: Nach dem ersten Entscheider-Brief folgt der im Brief angekündigte Anruf beim Kunden. Der Account Manager landete im Vorzimmer und sagte seinen Spruch auf. Als Antwort bekam er ein recht ruppiges „Moment mal bitte" zu hören. Und dann wartete er. Und wartete. Und die Sekunden schlichen. „Die stellen mich sicher zu den IT-Fuzzies durch, und denen muss ich dann erklären, warum ich beim Vorstand anrufe", so seine Gedanken, die er mir nachher in aller Ausführlichkeit darstellte. Er nahm sich eine Zigarette, zog die Tasse Kaffee zu sich herüber, legte die Füße auf den Tisch und begann mich zu verfluchen. „Wie konnte ich nur glauben, dass der Vorstand mit mir spricht? Ich Idiot. Und alles nur wegen dem blöden Heinrich!"

Aber dann die große Überraschung: Es klickte im Telefon – und der Vorstand war dran. Weil der Account Manager damit nicht (mehr) gerechnet hatte, legte er vor lauter Überraschung und Ungläubigkeit spontan auf. Ja, er hat vor Schreck aufgelegt. Und die Zigarette fiel ihm aus dem Mund auf die Krawatte, und die schöne Krawatte wies nun hässliche Brandflecken auf. Aber die Geschichte ist noch nicht zu Ende: Der Account Manager ging kurz zur Toilette, um von der Krawatte wenigstens noch Reste zu retten. Dann raffte er sich zehn Minuten später auf, nochmals anzurufen. Das Ende vom Lied: Er hat seinen Termin bekommen, seine Problemlösung war überwältigend gut. Ich weiß nicht, was aus dem Geschäft noch geworden ist, aber er hat seinen Termin bekommen.

Was Sie daraus lernen können? Ran an den Top-Entscheider!

Fazit

So machen Sie aus der Fehlerkultur eine Lernkultur:

- „Sammeln" Sie Fehler, denn sie sind ergiebige Lernquellen.
- Sehen Sie in jedem Fehler die Chance, sich zu verbessern.
- Legen Sie eine Liste an, die Sie stetig fortführen: In der linken Spalte notieren Sie die Chancen (= Fehler), in der rechten Spalte die Umsetzungsmaßnahmen, die Ihnen helfen, noch besser zu werden und Vision Selling zu verwirklichen.

8 Realisieren: Wie Sie Vision Selling nachhaltig in der Praxis umsetzen

Was Ihnen dieses Kapitel bietet

Sie wissen nun, wie Sie die häufigsten Fehler im Vertrieb vermeiden. Auf den folgenden Seiten steht die langfristige, erfolgreiche Umsetzung Ihrer neu erworbenen Erkenntnisse im Mittelpunkt. Mark Twain soll gesagt haben: „Schlechte Angewohnheiten kann man nicht einfach aus dem Fenster werfen. Man muss sie Schritt für Schritt die Treppe heruntertragen." Dieses Kapitel begleitet Sie bei den Schritten, die zur Veränderung Ihrer Gewohnheiten und zur Umgestaltung Ihres Arbeitsalltags führen.

Drei Ansätze für Ihre Vertriebsoptimierung

Für die Umsetzung des Vision Selling in der Praxis sollten Sie Ihren Vertrieb zunächst gedanklich in drei Segmente und dementsprechend in drei Rollen aufteilen: Verkäufer, Organisation und Führungskraft. Die folgende Abbildung gibt Ihnen einen Überblick über die Vertriebsstrukturen.

	Methodik & Psychologie	**Werkzeuge & Standards**	**Führung & Management**
Rolle	Verkäufer	Organisation	Führungskraft
Aufgaben	Kunden gewinnen	Verfahren vereinfachen	Ziele setzen und Ergebnisse erreichen
Motto	Menschen verstehen und Entscheidungen bewirken	Werkzeuge verfügbar machen und Abläufe optimieren	Leitbilder schaffen und Ergebnisse in die Unternehmensplanung einbinden

Abb. 28: Vertriebsstrukturen

In der Praxis sind die Übergänge zwischen den einzelnen Rollen fließend, auch der Verkäufer muss sich zum Beispiel selbst managen und organisieren können. Dennoch ist die Segmentierung sehr hilfreich, denn sie verdeutlicht die jeweiligen Aufgabengebiete.

Die richtige Maßnahme zum richtigen Zeitpunkt

- Die Rolle des **Verkäufers** hat primär mit permanentem Alltagsverhalten und weniger mit theoretischem Wissen zu tun. Um die gewünschten Verhaltensweisen im richtigen Moment abrufen zu können, sollten Sie möglichst oft üben und trainieren. Ein Beispiel: Ihnen ist bekannt, wie Sie einen Golfschwung durchführen sollen (Wissen). Aber es gelingt Ihnen nicht immer, dieses Wissen in die Tat umzusetzen (Verhalten). Um dies zu verbessern, hilft neben Talent vor allem Training.

- **Organisationen** haben die Aufgabe, wiederkehrende Abläufe zu gewährleisten. Hier geht es weniger um Häufigkeit als um Gründlichkeit. Es genügt, wenn in regelmäßigen Abständen die Organisationsstrukturen überprüft werden. Die notwendigen Verbesserungen – Veränderungen alleine reichen nicht aus, das sind nicht zwingend Verbesserungen! – können dann umgesetzt werden und wirken wieder für einen festgelegten Zeitraum.

- **Führung** bedeutet vor allem im Vertrieb eine sich stetig wiederholende Folge von Messen – Bewerten – Handeln – erneut Messen … Es kommt darauf an, gute Messwerkzeuge zu nutzen, passende Bewertungsmaßstäbe zu haben, konsequent zu handeln sowie regelmäßig und verlässlich diesen Zyklus zu wiederholen.

Auf Basis dieser Überlegungen lässt sich nun ein Umsetzungsplan erstellen, der sich in der Praxis bereits vielfach bewährt hat.

Umsetzungsplan

Monat		Methodik & Psychologie	Werkzeuge & Standards	Führung & Management
	Woche 1	Trainieren	Neues Werkzeug einführen	
				Messen & Bewerten
	Woche 2	Trainieren		
				Messen & Bewerten
	Woche 3	Trainieren		
				Messen & Bewerten
	Woche 4	Trainieren		
				Messen & Bewerten & Handeln

Diesen Plan finden Sie online zum Download unter www.visionselling.de.

Drucken Sie die Vorlage am besten dreimal aus, so dass Sie Ihre Umsetzungsideen für jedes Vertriebssegment zeitlich einplanen können. Natürlich sind Sie dabei nicht auf die folgenden Tipps beschränkt. Sie können alle Anregungen aus diesem Buch sowie Ihre eigenen Ideen verwenden.

Umsetzungstipps für Verkäufer

Diese Auswahl an Ideen bezieht sich auf den Alltag des Verkaufs. Was können Sie jeden Tag und immer wieder berücksichtigen? Wie können Sie Ihr Verhalten so beeinflussen, dass die Wahrscheinlichkeit auf Erfolg stetig steigt? Wir Verkäufer haben einen wunderbaren Beruf, der nie langweilig wird. Jeden Tag können wir besser werden, wenn wir wollen. Jeden Tag können wir mit Menschen arbeiten und dazulernen. Immer weiter. Keine Routine. Kaum Wiederholungen. Immer neue Chancen und Möglichkeiten. „Nicht gekauft hat der Kunde schon", lautet der Spruch eines Kollegen. Was soll also schon passieren? Schlechter kann es nicht werden. Nur besser. Und daran wollen wir arbeiten.

Von den Werten über die Einstellung zum Verhalten

Unser Verhalten ist die äußere, sichtbare Schale unserer Persönlichkeit. Wenn wir etwas daran ändern wollen, sollten wir das von innen heraus tun.

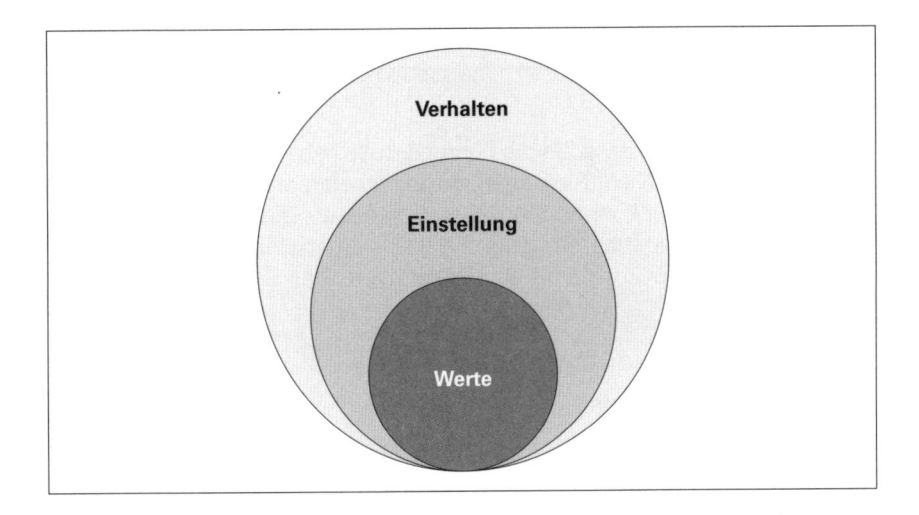

Unsere Werte beeinflussen unsere Einstellung, diese wiederum bestimmt unser Verhalten. In der Praxis gibt es oft Brüche in dieser Linie. Sie sind häufig der Grund, wenn wir das Gefühl haben „da stimmt etwas nicht" oder „das ist nicht rund".

Ein Beispiel dazu: Nehmen wir an, einer der Werte einer Person ist: Gesundheit im Sinne von „Gesundheit ist unser wichtigstes Gut". Derselbe Mensch äußert die Einstellung: „Jeder muss selbstverantwortlich für seine Gesundheit sorgen". Dennoch beobachten Sie, dass diese Person raucht oder übermäßig trinkt. Dieser Bruch in der Linie Werte – Einstellung – Verhalten stört die Ausstrahlung dieses Menschen.

Vielleicht lautet Ihr Wert: Kundenorientierung, etwa „Wir liefern unseren Kunden die bestmögliche Lösung zu einem sinnvollen, fairen Preis". Und Ihre Einstellung lässt sich so beschreiben: „Ich muss dem Kunden zeigen, dass ich mein Geld wert bin". Zwischen „Ich kann dem Kunden helfen" (Wert) und „Ich muss den Kunden überzeugen" (Einstellung) ist ein offensichtlicher Widerspruch. Es wäre nicht verwunderlich, wenn Ihr Verhalten dann darauf ausgerichtet ist, den Forderungen des Kunden zu folgen, statt ihn zu führen. Der Kunde wird diesen Gegensatz spüren und Ihnen schwerlich vertrauen.

Widersprüche im Umgang mit Kunden vermeiden

Wer die Lösung hat, kann führen. Wer das Problem hat, muss folgen. Wer also Lösungen verkaufen will, der sollte die Führungsrolle einnehmen. Nicht im Sinne von „dominieren", „herrschen", aber im Sinne von „Richtung geben".

Machen Sie sich klar, dass Sie die Führungsrolle haben! Stellen Sie sich vor, Sie wären ein Arzt: Nicht Sie haben die Krankheit, sondern der Patient. Sie können helfen. Zwar können Sie nicht versprechen, dass alles besser wird, aber Sie können garantieren, dass Sie Ihre Aufgabe nach bestem Wissen und Gewissen erfüllen, damit es besser wird. Das ist glaubwürdig. Das schafft Vertrauen.

Tipp aus der Praxis

Denken Sie: Ich habe die Lösung für Dich.
Zeigen Sie: Ich höre Dir zu. Ich interessiere mich für Deine Probleme.
Sagen Sie: Ich will einen wichtigen Beitrag leisten, und Deine Mitarbeit ist entscheidend.

Nutzen Sie Checklisten sinnvoll

Checklisten haben den Ruf, starr zu sein und in der Umsetzung aufgesetzt zu wirken. In Wirklichkeit schützen sie die Professionalität vor der zerstörerischen Kraft der Routine. Wenn Checklisten richtig eingesetzt werden, sind sie eine Versicherung gegen Nachlässigkeit und können unnötige Fehler vermeiden. Piloten wissen das und nutzen dieses Kontrollinstrument seit vielen Jahren.

Im Folgenden finden Sie die „Mutter aller Checklisten", die sämtliche wichtige Gesprächsinhalte für Verkaufsgespräche aller Art abdeckt. Sie ist in vielen Gesprächen und Arbeitssitzungen mit meinen Kunden entstanden.

Checkliste für Kundengespräche

- Welche Ziele verfolgt der Kunde mit dem Gespräch?
- Warum wird eine Lösung benötigt?
  - Was ist das Problem aus Sicht des Kunden?
  - Was ist der vom Kunden wahrgenommene Schmerz (in Euro)?
- Wie stellt sich der Kunde die Lösung vor?
- Warum jetzt?
  - Was ist das „Compelling Event"?
- Warum von uns?
  - Welche Leistungen sind herausragend?
  - Was ist aus Sicht des Kunden ein USP?
  - Welche besonderen Beziehungen gibt es?
- Wie ist der genaue Ablauf der Entscheidungsfindung?
  - Wer ist der wirkliche Entscheider?
  - Wer unterzeichnet nach ihm?
  - Wie führen Sie den Auswahlvorgang durch?
- Sind alle erfolgskritischen Fakten geklärt?
  - Budget?
  - Zentrale Rahmenbedingungen des Kunden?
- Welche Informationen über den Wettbewerb sind verfügbar?
- Welcher konkrete Verbleib wurde vereinbart?
  - Abschlusskriterien: Wenn x zutrifft oder y beinhaltet ist ... dann Auftrag.
  - Totes Pferd: *(Zum jetzigen Zeitpunkt macht ein weiteres vertriebliches Vorgehen keinen Sinn)*
  - To Do für beide Parteien

Diesen Plan finden Sie online zum Download unter www.visionselling.de.

Diese Checkliste bietet Ihnen eine wertvolle Grundlage für jedes Ihrer Kundengespräche. Natürlich sollen Sie diese Punkte nicht einfach abhaken, sondern frei sprechen und auf jeden Kunden individuell eingehen. Diesen Aspekt berücksichtigt folgendes Werkzeug, das auf der Basis der obigen Checkliste entstanden ist.

Fakten

Schmerzen
- Was ist das Problem?
- Warum ist es störend?
- Was ist der Schaden, wenn so weiter gearbeitet wird?
- Was ist das Ziel?
- Warum muss es künftig anders laufen?

Warum jetzt?
- Welches Ereignis treibt die Entscheidung?
- Warum nicht schon früher?
- Warum nicht noch warten?

Entscheidungsablauf?
- Wie ist der Ablauf der Entscheidung?
- Wer ist beteiligt?
- Wer ist involviert?
- Wer hat die betriebswirtschaftliche Verantwortung?
- Wer ist der Geldgeber?
- Nach welchen Kriterien werden Lösungen verglichen?
- Welche Alternativen werden geprüft?

Angebotsklärung
- Preisinformation oder Angebot?
- Grob-Konzept oder Angebot?
- Was muss im Angebot stehen, um annehmbar zu sein?
- Bis wann wird das Angebot benötigt?
- => Bis wann kommt dann der Auftrag?

Konkreter Verbleib
- Wer verpflichtet sich zu was und bis wann?
- Was ist der nächste sinnvolle Schritt zu einem erfolgreichen Projekt?
- Referenz => Wen hätten Sie gerne? Und was passiert danach?
- Test => Was wird getestet? Statt dessen Rückgaberecht?

Diesen Plan finden Sie online zum Download unter www.visionselling.de.

Diese Liste können Sie in hellgrauer Farbe – etwa so wie karierte Linien auf einem Schreibblock – auf DIN A4-Blättern ausdrucken und als Notizblatt verwenden. Machen Sie sich Ihre Notizen in die entsprechenden Felder. So überschreiben Sie im Laufe des Gesprächs den Vordruck mit Ihren Notizen. Zugleich bieten Ihnen die noch unbeschriebenen Felder gute Anregungen für noch offene Punkte.

Fünf Mantras für Ihren Verkaufserfolg

Ein Mantra ist eine kurze Wortfolge, die man für sich immer wiederholt, sich immer wieder selbst vorsagt. Der Begriff Mantra kommt aus dem Sanskrit und bedeutet etwa „Rede oder Instrument des Denkens". Deshalb habe ich diese fünf Willenserklärungen so formuliert, dass man sie sich selbst vorbeten kann.

1. Ich will die typischen Probleme der Entscheider meiner Zielkunden kennen oder erfragen.
2. Ich will die individuelle Situation und die daraus resultierenden Handlungsmotive meiner potenziellen Kunden herausarbeiten.
3. Ich will typische Probleme und zu erwartende Verbesserungen in der Sprache meiner Kunden verstehen und gemeinsam mit ihnen betriebswirtschaftlich bewerten.
4. Ich will alle meine Aktivitäten und Ressourcen auf die besten Chancen konzentrieren.
5. Ich will Entscheidern die Entscheidung möglich machen.

Tipp aus der Praxis

Machen Sie sich diese fünf Aussagen immer wieder bewusst. Vielleicht wählen Sie ein Mantra für jeden Arbeitstag der Woche. Wenn Sie mit einem elektronischen Kalender arbeiten, können Sie sich je einen Spruch am Morgen „auf Termin legen". Dann beginnen Sie den Tag mit einem für Ihren Vertriebserfolg wichtigen Instrument des Denkens!

Bewerten Sie die Akquisition neu!

Akquisition ist für viele Verkäufer eine Bürde, weil Ablehnung als Misserfolg und Niederlage gewertet wird. Bei Quoten von oft über 30 Erstkontakten bis zu einem zählbaren Umsatzerfolg ist die Gefahr groß, dass man aufgibt, bevor der Erfolg kommt. Wer an einem Vormittag zehn oder mehr Abfuhren erteilt bekommt, verliert die Lust. Das ist auch nicht verwunderlich. Wenn ein solider Handwerker, sagen wir ein Tischler, nur einen von 20 begonnenen Hockern zu Ende bringen würde, dann würde er sich wohl bald einen anderen Beruf suchen.

Verkäufer, die nur die Zustimmung des Kunden zum nächsten Schritt als Erfolg werten, werden sich schnell in andere Tätigkeiten flüchten und sich selbst Ausreden liefern, warum sie gerade nicht akquirieren können.

Der Ausweg liegt in der Korrektur der eigenen Einstellung: Auch ein identifizierter Nicht-Kunde ist Bestandteil erfolgreicher Akquisearbeit. Sie wissen inzwischen, dass die Trennung von Kunden und Nicht-Kunden – oder wenn Sie so wollen, die Trennung von Chancen und Nicht-Chancen – die erste und vielleicht wichtigste Aufgabe im Vision Selling ist. Es geht um das Sortieren, nicht um zwanghaftes Gewinnen.

„Heute ist ein schöner Tag: Heute wird ein neuer Kunde geboren!"

Ein früherer Kollege von mir, der ausschließlich telefonisch akquirierte, hat sich ein Tablett neben sein Telefon gestellt. Darauf standen 18 rote Figuren, wie man sie von Brettspielen kennt, und eine grüne Figur. Immer wenn er ein Telefonat mit negativem Ausgang abgeschlossen hatte, warf er eine rote Figur um und rief „Ja! Einer weniger." Und wenn schließlich der erfolgreiche Anruf dabei war, freute er sich, küsste die grüne Spielfigur und stellte alles wieder auf. Seine Einstellung: Kunden machen ist wie Kinder machen, da macht schon der Versuch Spaß!

Umsetzungstipps für die Organisation

Vertriebsorganisationen tendieren wie alle Organisationen dazu, sich selbst zu verwalten. Immer neue Regeln werden erfunden und müssen befolgt werden. So bleibt immer weniger Zeit für zentrale Vertriebstätigkeiten und Kundengespräche. Verschiedene Untersuchungen haben in den letzten Jahren gezeigt, dass die Zeit im direkten Kundenkontakt trotz aller elektronischen Hilfsmittel und besserer Reisemöglichkeiten immer mehr abnimmt!

Die Herausforderung liegt darin, die Vertriebsorganisation mit aller Kraft auf ihre zentralen Aufgaben auszurichten (siehe Kapitel 1) und sie bei der Einhaltung der Grundsätze zu unterstützen.

Kundenprofile erstellen und kommunizieren

Das Konzept der Wunschkundenprofile haben Sie bereits kennen gelernt (siehe Kapitel 3). Die Praxis zeigt, dass diese Profile immer wieder überprüft und den aktuellen Marktgegebenheiten angepasst werden müssen. Von den Verkäufern selbst wird diese Aufgabe meist vernachlässigt. Die Neuerstellung, Korrektur und Kommunikation von Kundenprofilen an alle Personen im Vertrieb sollte daher von der Organisation übernommen werden.

Gründe für Erfolge und Misserfolge dokumentieren

Verkäufer erleben Erfolge und Misserfolge. Fast immer sind sie in der Lage, diese positiven und negativen Erlebnisse ihrer Arbeit zu erklären. Allerdings werden diese wichtigen Erkenntnisse selten methodisch erfasst, sondern meistens nur in zufälligen Gesprächen an Kollegen weitergegeben. Die Vertriebsorganisation tut gut daran, diese Gelegenheiten bewusst herbeizuführen und zu systematisieren. In Vertriebsmeetings sollten Mitarbeiter ihre größten Erfolge und ihre bittersten Niederlagen sowie die daraus gezogenen Schlüsse präsentieren.

> **Tipp aus der Praxis**
>
> Wenn die Organisation die Resultate dieser Systematisierung festhält und für alle aktuellen Kollegen sowie den Nachwuchs lesbar macht, ist dies schon ein erster und wichtiger Schritt zur Dokumentation des Vertriebs-Know-hows.

Umsetzungstipps für die Führung

Die Multiplikation von Erfolgen ist der größte Wertschöpfungsfaktor für moderne Unternehmen. Führungskräfte sollten im Zusammenspiel mit Vertriebsorganisationen Mechanismen von Erfolgen und Misserfolgen analysieren, methodisch verstehen und dann Folgeaktivitäten bestimmen.

Häufig ist das Management im Vertrieb jedoch stark von den eigenen Erfolgen und Misserfolgen geprägt. Fehlender Abstand führt dazu, dass Erfahrungen auf Situationen übertragen werden, für die sie gar nicht relevant sind. Wenn Sie folgende Tipps in Ihre Führungsarbeit einbauen, können Sie dies verhindern.

Richten Sie Ihre Strategie auf die Entscheider beim Kunden aus

„Der Wurm muss dem Fisch schmecken und nicht dem Angler!". Der Spruch ist mindestens so alt wie jedes Verkaufstraining. Kaum jemand wird diese metaphorische Erkenntnis in Zweifel ziehen. Was müssen neu angestellte Vertriebsmitarbeiter dennoch immer wieder erdulden? Produkttrainings über Produkttrainings! Und noch mehr Produkttrainings! Und danach im schlimmsten Fall noch eine Prüfung zur Beurteilung, ob sie die Produkte auch schön vorführen können. Produktvorführer verkaufen aber nicht im großen Stil, Emotionalisierer und Kundenversteher verkaufen!

Trotz aller Erkenntnisse der Vertriebslehre in der Theorie und Praxis werden Vertriebsmitarbeiter noch immer vor allem über Fakten zu den Produkten informiert. Sie werden so dazu verführt, das Produkt oder die Dienstleistung ins Zentrum ihrer Aufmerksamkeit und Hinwendung zu stellen. Jeder Vertriebsprofi weiß, dass nicht das Produkt, sondern der Kunde im Mittelpunkt stehen sollte. Nur wenn man die Probleme und Wünsche des Kunden kennt, kann man seine Entscheidung beeinflussen. Informieren Sie deshalb neue (und alte) Verkäufer über Kundeninteressen und bilden Sie sie zu Kundenverstehern aus! Produktexperten gibt es im Unternehmen genug. Aber wer soll die Kunden verstehen, wenn es der Vertrieb nicht macht?

Tipp aus der Praxis

Bieten Sie als Führungskraft Ihren Mitarbeitern konkrete Möglichkeiten an, die Entscheidungen Ihrer Kunden und Nicht-Kunden zu verstehen:

- Was hat Ihre wichtigsten Referenzkunden zu der Entscheidung für Sie motiviert?
- Warum sind grundsätzlich interessierte Kunden in der Vergangenheit abgesprungen?

- Woran erkennt man besonders passende Kunden?
- Welche Schmerzen und Probleme Ihrer Wunschkunden können Sie als Unternehmen am besten beseitigen?

Bringen Sie diese Themen auf die Agenda! Sorgen Sie dafür, dass die Kollegen im Vertrieb sich von Beginn an – oder spätestens ab jetzt – zu Experten in Sachen Kunden und deren Sorgen, Nöten, Schmerzen machen. Nur so können sie deren Entscheidungshorizont verstehen und bedienen.

Schreiben Sie alles präzise auf – intern wie extern

Wenn man in Unternehmen fragt: „Wo kann man Eure Finanzkompetenz nachlesen?", bekommt man in der Regel eine klare Antwort, sofern man autorisiert ist, diese Betriebsgeheimnisse zu kennen. Wenn man nach der Produktionskompetenz, der Servicekompetenz oder der Entwicklungskompetenz fragt, ist das ähnlich. Allerdings blickt man selbst in den bestgeführten Unternehmen in überraschte Gesichter, wenn man nach einem Dokument zur Vertriebskompetenz fragt. „Unsere Vertriebskompetenz kann man nicht aufschreiben. Die ist in den Köpfen (oder schlimmer: in den Bäuchen) der Verkäufer." Diese Haltung ist wohl kaum mit modernen Vorstellungen der Unternehmensführung zu vereinbaren. Verkäufer sind selten Buchhalterseelen. Und das ist gut so. Allerdings legen sie auch als Verkaufsleiter häufig ihre Abneigung gegen Papier und Schriftlichkeit nicht ab. Und das ist ein Fehler!

> **Tipp aus der Praxis**
>
> Nutzen Sie die Schriftlichkeit an diesen zwei wesentlichen Hebeln für Ihren Vertriebserfolg:
>
> - Schreiben Sie auf, was der Kunde gesagt hat, und teilen Sie ihm dies mit (siehe Kapitel 6, Visionsbrief).
> - Schreiben Sie auf, welche Informationen Sie aus dem Gespräch gewonnen haben:
>   - Wer ist (namentlich) der Entscheider?
>   - Was ist das (größte) Problem des Kunden?
>   - Wie stellt er sich eine Lösung vor?

Wenn nur diese beiden schriftlichen Ergebnisse nach jedem Gespräch vorliegen, wird die durchschnittliche Qualität jedes Ihrer Gesprächstermine erheblich steigen!

Schaffen und nutzen Sie Messkriterien für die Abschlusswahrscheinlichkeit

Wenn man mit Wunsch und Hoffnung das Wetter vorhersagen würde, käme wohl kaum eine Unwetterwarnung rechtzeitig an. Beides ist nicht hilfreich, wenn man eine aussagekräftige Prognose braucht. Trotzdem basieren Vertriebsstrategien häufig auf dem Prinzip Hoffnung.

Viele Vertriebsmitarbeiter werden dazu verdonnert, einmal pro Woche oder Monat eine Liste ihrer aktuellen Vertriebsprojekte mit einer prozentualen Einschätzung zu versehen. 10, 30, 50, 75, 90 Prozent sind oft die Abstufungen. Warum das kompletter Unsinn ist?

Wenn man Ehepaare, die vergangenes Wochenende geheiratet haben, fragen würde „Wie groß ist die Wahrscheinlichkeit, dass Sie Ihren zehnten Hochzeitstag mit Ihrem aktuellen Ehepartner feiern werden?", wäre die Antwort wohl „100 Prozent". Wir alle wissen, dass die statistische Wahrscheinlichkeit eher bei 50 bis 60 Prozent liegt. Wenn wir über mehrere Jahre die gleiche Frage stellen würden, würden manche antworten müssen „Null Prozent. Wir haben uns getrennt." Andere würden nach wie vor sagen „100 Prozent. Wir lieben uns". Es ist unwahrscheinlich, dass die Antwort lautet „etwa 30 Prozent". Die Antwort ist „Ja" oder „Nein". Ganz oder gar nicht.

Genau so ist es auch im Vertrieb: Entweder Sie investieren Zeit in einen Kunden oder Sie geben es auf! Es ist deshalb weder sinnvoll noch produktiv, dass Verkäufer Wahrscheinlichkeiten raten oder ihr „Bauchgefühl" in Excel-Tabellen eintragen.

Dennoch ist es eine der wichtigsten Aufgaben der Führung, Ziele zu vereinbaren und die Zielerreichung zu überprüfen. Bei langfristigen Vertriebsprojekten ist diese Kontrolle jedoch oft erst zu spät durchführbar. Deshalb der verständliche, jedoch leider wenig erfolgreiche Drang der Führungskräfte, in kurzen Zyklen die „Wahrscheinlichkeit" von Vertriebsprojekten abzufragen.

Vielversprechender ist es, mit „Meilensteinen" oder einem „Assessment-Fragebogen" zu arbeiten. Diese Methoden, die sich auch kombinieren lassen, können Sie auf laufende Verkaufschancen anwenden und so eine gute Vorhersagewahrscheinlichkeit erreichen.

Meilensteine

Michael Bosworth hat in seinem Buch „Solution Selling" dieses Konzept vorgestellt. Es basiert auf der Idee, dass sich eine Verkaufschance mit den Mitteln des klassischen Projektmanagements ermitteln und zum Erfolg führen lässt. Dazu schafft man zunächst eine Struktur, die den Ablauf eines Verkaufsprojektes wiedergibt.

Phase	Kurzbeschreibung	notwendige Voraussetzungen zum Erreichen des Meilensteins
I	Begründeter Verdacht	Kunde passt in die Zielgruppe (Wunschkundenprofil), Vision wurde im Gespräch vermittelt, erster Visions-Brief/E-Mail versendet
II	Qualifizierter Kontakt	Kriterien geklärt. Kontakt hat Schmerz dargelegt, Kontakt hat Vision ausgebildet, Kontakt hat sich bereit erklärt, im Beschaffungsprozess weiter mit uns zu gehen, Zugang zum Entscheider wurde vereinbart/ Kontakt bestätigt sich als Entscheider
III	Qualifizierter Zugang zum Entscheider	Zugang zum Entscheider erreicht, Entscheider hat Schmerz dargelegt, Entscheider hat Vision ausgebildet, Entscheider hat sich bereit erklärt, im Beschaffungsprozess weiter mit uns zu gehen und ist in der Lage, die Investition zu entscheiden, Phasenmodell vorgeschlagen, Einverständnis zum Phasenmodell mündlich erklärt
IV	Entscheidung steht aus	Phasenmodell mit Terminen ausgestaltet, Vorgespräch zum Angebot abgehalten, Investition detailliert besprochen, Angebot erstellt und verschickt
V	Umsatz in Greifweite	Entscheider gibt mündliche Zustimmung zum Angebot, detaillierte Verhandlungen mit dem Einkauf
+	Gewonnen	Schriftlichen Auftrag erhalten
–	Verloren	Lost Business Report erstellen, Interessenten-Datenbank aktualisieren.

Jedes Vertriebsprojekt kann eindeutig einer dieser Phasen zugeordnet werden. Mit diesem Konzept haben Sie immer den Überblick, was noch zu tun ist, um die nächste Stufe zu erreichen.

Im nächsten Schritt setzt man für jede Phase eine Erfolgswahrscheinlichkeit fest. Diese Prognose können Sie empirisch ermitteln: Notieren Sie über einen längeren Zeitraum, in welcher Phase Vertriebsprojekte verloren gehen oder wegen geringer Chancen aufgegeben werden.

Tipp aus der Praxis

Oft werden Meilensteine als Abfolge von Tätigkeiten und nicht als Zwischenergebnisse definiert: erstes Telefonat erfolgt, erster Besuch, zweiter Besuch mit Präsentation ... Das ist nicht sinnvoll, weil die Anzahl der Besuche nichts über den Fortschritt in einem Vertriebsprojekt aussagt. Achten Sie darauf, dass beim Aufbau eines Meilensteinmodells wirklich nur Zwischenergebnisse (Ziele, die man erreichen muss) und keine Aktivitäten (Tätigkeiten, die lediglich ausgeführt werden müssen) aufgelistet sind.

Assessment-Fragebogen

Im Gegensatz zum Meilensteinmodell basiert dieser Ansatz auf einer Art Balanced Scorecard (Berichtsbogen) für Verkaufschancen. Mittels verschiedener Fragestellungen wird der Status eines Verkaufsprojekts bewertet. Diese Valuierung wird nach neuen, in Kundengesprächen gewonnenen Erkenntnissen immer wieder aktualisiert. Hier ein Beispiel:

1. **Liegt nach unseren Definitionen ein klares Projekt vor?**
    1. Ist das konkrete Vorhaben schriftlich festgelegt?
    2. Passt die finanzielle Ausstattung zum Projektvolumen?
    3. Lohnt es sich für den Kunden? Wie ist der erwartete ROI?
    4. Gibt es Zeitdruck? Sind fixe Daten zu berücksichtigen?
2. **Sind wir wettbewerbsfähig?**
    1. Passen wir zu den schriftlich definierten Anforderungen?
    2. Wie gut ist unsere Beziehung zum Entscheider?
    3. Wie steht es um die Mitbewerbspräsenz?
    4. Wie sind unsere spezifischen Alleinstellungsmerkmale?

> **3. Lohnt es sich für uns?**
> 1. Aktuelle Projektrentabilität?
> 2. Langfristige Rentabilität und Referenzen?
> 3. Geschätzter Vertriebsaufwand?
> 4. Risiken (Haftung, Reputation, Zahlung)?

Die Verkäufer können anhand von vier Fragen pro Hauptfrage ein solides, auf Praxisinformationen basierendes Bild vom Zustand der Verkaufs-Chance liefern. Die Antworten auf die drei Hauptfragen vermitteln den Führungskräften ein klares Bild vom Status des Vertriebsprojektes. Noch anschaulicher wird der Fragebogen in der Praxis, wenn Sie die Hauptfragen mit einem Farbcode rot-gelb-grün versehen: gelb = unbeantwortet | rot = ungünstig beantwortet | grün = günstig beantwortet. So kann sich das Management schnell einen Überblick verschaffen.

Tipp aus der Praxis

Oft ist es auch sinnvoll, die beiden genannten Methoden (Assessment-Fragebogen und Meilensteine) zu verbinden. Sie könnten zum Beispiel ab der Phase III beginnen, ein Assessment durchzuführen, und dann das Vertriebsprojekt nur noch über die positive Beantwortung der Assessment-Fragen steuern.

Fazit

Gestalten Sie Ihren eigenen Umsetzungsplan, nutzen Sie dafür die vielen Checklisten und Materialien, die Sie kostenfrei unter www.visionselling.de herunterladen können, ordnen Sie Ihre Aktivitäten zeitlich ein und packen Sie die wichtigsten Themen zuerst an!

Nachwort

Sie haben nun die Prinzipien, Aufgaben und Werkzeuge des Vision Selling kennen gelernt – wahrscheinlich erst einmal auf dem geduldigen Papier, in diesem Buch. Nun kommt es darauf an, dass Sie das Konzept einüben, trainieren, anwenden, einsetzen, umsetzen, in der Praxis immer weiter verbessern, es auf Ihre individuellen Top-Entscheider und Vertriebsprojekte sowie Ihre Verkaufssituationen adaptieren und übertragen. Mein Tipp dazu: eins nach dem anderen!

Überlegen Sie Schritt für Schritt, welche Ihrer etablierten – und vielleicht eingefahrenen – Verhaltens- und Vorgehensweisen Sie ändern möchten, um Vision Selling anwenden zu können. Fangen Sie mit einer Verhaltensweise an, die Sie jetzt ändern wollen. Dazu wählen Sie am besten zunächst einmal diejenige Erkenntnis oder denjenigen Inhalt des Konzeptes aus, der Sie am stärksten beeindruckt hat. Sie sind ganz begeistert von der VI-SI-ON-Fragetechnik? Dann lesen Sie sich das entsprechende Kapitel aufmerksam durch, üben die Technik ein, wenden Sie im Rollenspiel mit einem Kollegen an – und setzen sie schließlich im Gespräch mit einem Top-Entscheider ein. Beachten Sie dabei: Für die erste Übung wählen Sie sich ein Kundengespräch aus, bei dem Sie sich sicher fühlen und den Gesprächspartner bereits sehr gut kennen. Das Gespräch muss kein „Selbstläufer" sein – aber unklug ist es, die VI-SI-ON-Fragetechnik in einer Verhandlung anzuwenden, von deren Ausgang Ihr Schicksal und das Ihres Unternehmens abhängt!

Konzentrieren Sie sich darauf, die neue Methode häufig anzuwenden und immer besser zu werden, statt sie gleich zu Beginn perfektionieren zu wollen. Damit folgen Sie den Methoden modernen Sprachtrainings, bei denen es darauf ankommt, erst einmal ganze Sätze in der Fremdsprache zu sprechen statt einzelne Worte zu perfektionieren. Und setzen Sie ein Vision-Selling-Werkzeug mindestens dreimal ein, bevor Sie darüber urteilen.

Natürlich stehe ich Ihnen gerne zur Verfügung, wenn Sie Unterstützung benötigen: stephan.heinrich@visionselling.de.

Literaturverzeichnis

Bosworth, M. T.: Solution Selling. Creating Buyers in difficult Markets. McGraw Hill Professional, 1995

Bruhn, M./Stauss, B. (Hg): Wertschöpfungsprozesse bei Dienstleistungen. Wiesbaden, 2007

Cialdini, Robert B.: Die Psychologie des Überzeugens (Tb). Bern, 6. Aufl., 2010

Covey, Stephen: Die 7 Wege zur Effektivität. Prinzipien für persönlichen und beruflichen Erfolg. Offenbach, 6. erw. und überarb. Neuausg., 2005

Ditkow, Peter: In Bildern reden. So entdecken Sie Ihre rhetorische Kraft Düsseldorf, 1999

Dörner, Dietrich: Die Logik des Misslingens. Rowohlt Taschenbuch, Hamburg, 5. Aufl., 2003

Gierke, Christiane: Persönlichkeitsmarketing. Offenbach, 2005

Goldmann, Heinz M.: Wie man Kunden gewinnt. Das weltweit erfolgreichste Leitbuch moderner Verkaufspraxis. Berlin, 15., komplett überarbeitete Aufl., 2008

Goldratt, Eliyahu/Cox Jeff: Das Ziel. Höchstleistung in der Fertigung. McGraw-Hill Publ. Comp, 1995

Goleman, Daniel: Emotionale Intelligenz. München, 1997

Grimm, Peter: Der verratene Verkauf. Offenbach, 2000

Friedrich, Kerstin/Seiwert, Lothar J. & Geffroy, Edgar K.: Das neue 1x1 der Erfolgsstrategie. EKS-Erfolg durch Spezialisierung. Offenbach, 9. Aufl., 2006

Huseman, Richard C. & Hatfield, John D.: Der Equity Faktor. Geben und Nehmen im Umgang mit Menschen. Frankfurt/Main, 1990

Jacoby, Sher: Die Wette. Ein Roman über die hohe Schule des Verkaufens. Berlin, 2002

Hinterhuber, Hans H./Matzler, Kurt (Hg.): Kundenorientierte Unternehmensführung. Kundenorientierung – Kundenzufriedenheit – Kundenbindung. Wiesbaden, 5., überarb. u. erw. Aufl. 2006

Lang, Ewald: Die Vertriebs-Offensive. Erfolgsstrategien für umkämpfte Märkte. Wiesbaden, 2. Aufl., 2010

Lay, Rupert: Ethik für Manager. Düsseldorf u. a., 1989

Malik, Fredmund: Management. Das A und O des Handwerks. Frankfurt/Main, 2007

Parinello, Anthony: Selling to Vito: The Very Important Top Officer: Increase Your Commissions by Getting Appointments with Top Decision Makers Today. Adams Media Corporation, 1994

Rackham, Neil: SPIN Selling, McGraw Hill Education, 1988

Schulz von Thun, Friedemann: Miteinander reden, Band 1–3. Hamburg, 2006

Simon, Hermann: Die heimlichen Gewinner – Hidden Champions: Die Erfolgsstrategien unbekannter Weltmarktführer. München, 1998

Zelazny, Gene: Wie aus Zahlen Bilder werden. Der Weg zur visuellen Kommunikation. Wiesbaden, 6., überarb. u. erw. Aufl., 2005

Stichwortverzeichnis

A
Abschlusswahrscheinlichkeit 180
Abzeichner 37, 38
Angebot 153
Ansprechpartner feststellen 49
Akquisition 176
Argumentationsstrategie 126, 156
Assessment-Fragebogen 182
Assistenz 76
Auswirkungsfrage 104, 107

B
Beeinflusser 34, 38
Berne, Eric 90
Blockierer 85, 88, 99

C
Carr, Allan 152
Cashflow 25
Cialdini, Robert 128
Creditreform 51

D
DataStar 51
Dörner, Dietrich 158
Drucker, Peter F. 47

E
Einwandbehandlung 87, 91
Empfehler 32, 39
Empfehlungen 82
Entscheider 35, 38, 178
Entscheider-Brief 60
– äußere Form 69
– Kopfzeile 61
– PS 64
Entscheider-Telefonat 71
– Eröffnung 72
Entscheidungsflimmern 28, 148
Ernteformel 24
Entscheidungshilfen 123
Entscheidungsmanagement 25

Eskalationsschreiben 82
Evaluationsplan 131

F
Fachverantwortliche 85
Faktenfrage 103
Flipchart 138
Forecast 16, 48
Fragetechniken 22, 101

G
Genios German Business Information 51
Gesprächsvorbereitung 117
Glaubwürdigkeit 131

H
Handelsblatt 51
Harris, Thomas 90

I
interner Verkäufer 39

K
Knappheit 130
Konflikte 121
Konsistenz 130
Kontrastprinzip 129
Kundengespräche 173
kundenzentrierte Lösung 18

M
Mantras für den Verkaufserfolg 175
Meilensteine 181
Moderationskarten 138

N
Nicht-Präsentation 136
Nutzen 20, 24, 66, 113
Nutzenfrage 104, 113
Nutzenorientierung 18

P
Präsentation 22
Preis 93
Problemfrage 104, 105

Problemtabelle 53, 126
- Beispiel 55
- Vorteile 56
Pseudo-Entscheider 166
psychologische Muster 22

R
Referenz 63, 124
Return on Investment (ROI) 104, 144, 165
- Berechnung 144
Reziprozität 129
Rollen 31, 168

S
Sales-Cycles 9, 28
Sokrates 120
soziale Bewährtheit 130
Sympathie 128

T
Top-Entscheider
- Entscheidungsparameter 42
- Grundsätze 40
- Motive 22
- Name 65
- Verhaltensweisen 40

Transaktionsanalys (TA) 90
- Ich-Zustände 90

U
Umsatzvorhersage 24
Umsetzungsplan 170

V
Vertragsabschluss 160
Vertriebsoptimierung 168
VI-SI-ON-Fragetechnik 20, 101, 165
Vision 19, 26, 150
Visions-Brief 134
Vision Selling
- Aufgaben 23
- Fehler 150
- Grundsätze 18
- umsetzen 168
Vorteil 20

W
Workshop 133, 160
Wunschkundenprofil 46, 177

Z
Zentralhandelsregister 51
Zielperson 60, 78

Der Autor

Stephan Heinrich (Jg. 1964) gründete 2001 mit der Heinrich Management Consulting eine erfolgreiche, wachsende Unternehmensberatung mit Schwerpunkt Vertriebsberatung und -training für Lösungsverkauf sowie individuelle Ausbildung von Führungskräften.

Zuvor sammelte er über 20 Jahre Erfahrung in leitenden Positionen in der IT-Branche, zuletzt als Director International Purchasing, als Sales- und Marketing-Direktor und schließlich als Vice President und Geschäftsführer eines großen amerikanischen, international aufgestellten Softwarehauses.

Der Vater von zwei Kindern lebt in München und Trier. Seinen Ausgleich findet er in der Fotografie und sportlich beim Laufen und beim Golf.

Seine Themen:

VisionSelling®: „Verkaufen on the Top".

Vom Beerensammler zum Bärenjäger – Verkaufen statt Auftragsmikado

Augenhöhe – Erfolg in der Balance zwischen Überheblichkeit und Obrigkeitsangst

Beratung und Ausbildung für Vertriebs- und Führungskräfte: Managementausbildung, Kommunikation, Strategische Unternehmensplanung, Lösungsverkauf.

www.visionselling.de